আকুলতা

দিলীপ চক্রবর্ত্তী

pencil

ISBN 978-93-5458-788-7Published in India 2021 by PencilA brand ofOne Point Six Technologies Pvt. Ltd.123, Building J2, Shram Seva Premises,Wadala Truck Terminal, Wadala (E)Mumbai 400037, Maharashtra, INDIAE connect@thepencilapp.comW www.thepencilapp.com

আকুলতা
দিলীপ চক্রবর্ত্তী

প্রচ্ছদ শিল্পী :- স্বপ্ননীল চক্রবর্ত্তী

উৎসর্গ :- পরম পূজনীয়া বীনাপানি চক্রবর্ত্তী,আমার মা; ও পরম পূজনীয় শান্ত চক্রবর্ত্তী, আমার বাবা কে বইটি উৎসর্গ করলাম।।

মুখবন্ধ:-

বর্তমানে আমরা এক বিপন্ন অস্থির সময়ের মুখোমুখি, ধর্মীয় সাম্প্রদায়িকতা, হিংসা, খুন - হানাহানি, সংঘর্ষ রক্তপাত সংশয় অবিশ্বাসের ধুম্রজাল, করোনার করালগ্রাস! সরকার দিশেহারা, জনগণ অসহায় , নিরাপত্তাহীনতার শিকার, সব মিলিয়ে এক নৈরাজ্যের চালচিত্র, দুঃস্বপ্নের কালরাত্রি !

আমার বিশ্বাস সাহিত্যচর্চা কাব্য চিত্রকলা শিল্প-সংস্কৃতি ইত্যাদি মনন ও চেতনাকে শুদ্ধ ও পরিশীলিত করে, জীবনকে ঋদ্ধ করে, নান্দনিক পরিপূর্ণতা দেয়।

আমার কবিতার ভালো-মন্দের বিচার বিশ্লেষন আপনারাই করুন,আমি চাই এই বিষয়ে আলোচনা সমালোচনা ও বিতর্ক আপনারাই করুন ! আপনারা সবাই ভালো থাকুন- সুস্থ থাকুন... আন্তরিক প্রীতি শুভেচ্ছা অভিনন্দন সহ ,

আপনাদের একান্ত ...
দিলীপ চক্রবর্ত্তী

Author biography

কবি পরিচিতি:- দিলীপ চক্রবর্ত্তী

"রূপনারাণের কূলে,
তাম্রলিপ্তের-পাটে
শান্ত-বীনার সুর ঝঙ্কারে,
মম চিত্তে নিতি নিত্তে।

আমার জন্ম,বেড়ে ওঠা,পড়াশুনা সবই তমলুক শহরে।আমরা ছয় ভাই,চার বোন।সুখ দুঃখের দোলাচলে বেড়ে উঠেছি। প্রতিযোগিতামূলক পরীক্ষা দিয়ে গভর্নমেন্ট অডিটের চাকরি পাই। ২০১৪ সালে সেবা নিবৃত্ত হয়। কর্মসূত্রেই কলকাতায় বাস শুরু হয়।এখন স্থায়ী ভাবে কলকাতায় বাস।অফিসের স্যুভেনির দিয়েই লেখা শুরু হয়।তারপর থেকেই মনের আনন্দ লিখে যাচ্ছি ।

Table of Contents

সূচিপত্র:-

চিরসখা হে

ঘুম আসে না,জন্মান্তরে স্বপ্ন ভেসে ভেসে,
ঢেউ আসছে,চলে যাচ্ছে,জলের অতল তলে,
কাল সমুদ্দুরে ছোট্ট ডিঙায় ভাসছি,জলে জাল পেতেছি,
মাছ নয়,জুটে যায় নুড়ি পাথর,ঝিনুক,শামুকের খোল।

বুকের মধ্যে জলতরঙ্গ হঠাৎ কখন বেজে ওঠে,
মৎস্যকন্যা নৃত্যে মাতে,আমার ঠোঁটে ওষ্ঠ ছোঁয়ায়!
সুখে দুঃখে যন্ত্রণায় একাকী বার্ধক্যের এই বধ্যভূমে,
রাত বিরেতে পাশে থেকে রবি ঠাকুর গান শোনায়!!

পরশমনি

তোমার কাছে নতজানু হই, তুমি পথিক বলে।
তোমার কাছে ভিক্ষা চাই, তুমি পাগল বলে।
তোমার কাছে মোহিত হই, তুমি সাধক বলে।
তোমার মদিরতায় মদালস আমি-ওহে,মহাজীবন!

ছন্দবন্দ স্মৃতির মূর্ছনায়-লহরী লহরে চড়া রোদ্দুরে,
দাঁড়িয়ে ঐ'আলখাল্লা পরা দাড়িবুড়ো রবীন্দ্রসদনে,
কপালে শ্বেত-চন্দন আঁকা,গোড়ের লম্বা মালা গলে,
দাবদাহে রুদ্র-লাবণ্য প্রতিভাসে,তব জন অরণ্যে।

এসো তুমি,পঁচিশে বৈশাখে,আমার আশ্রয়,
কালে মহাকালে,ঝড়ে জলে,শিশিরে কুয়াশায়,
মহাতাপস,হে নিরূপম,সুর ঝঙ্কারে অভিরাম,
তুমি মহাকবি খোলা হাওয়ার ভুবনমনমোহন।

তুমি দূরন্ত বৈশাখী-ঝড়,তুমি তো বহ্নিশিখা,
তুমিই পেরেস্ত্রোয়িকা,একবুক ভালোবাসা।
ভালোবাসতে শিখিয়েছ,মেঘ-ফুল-পাখি,
কলকল ঝরণার জল,নদী,সমুদ্রের ঢেউ,
উদাসী দিনরাত,জঙ্গলের ঝোপঝাড় লতা
পরকীয়াতেই হাজির 'তোমার এক চারুলতা'।

সারা-দিনমান একান্ত এক বন্ধু,আমি পথ চলি--
ভয়শূন্য-চিত্তে,উচ্চশিরে,তোমার শান্তিনিকেতনে।।

অনেক দিনের পরে যেন বৃষ্টি এল

জলে জল এ-পিঠ ও-পিঠ,গায়ে হালকা পোশাক,
অনেকদিন পরে দুজন দুজনকে জড়িয়ে বৃষ্টিতে
ভিজলাম।
চুম্বন করতে গিয়ে অনুভব করলাম আমাদের ঠোঁট আছে,
চোখ আছে পলক পড়ে না,টের পেলাম দৃষ্টিও আছে।
চলো আর অপেক্ষা নয়,আমরা এসে পড়েছি,এটাই
বেডরুম,
অদৃশ্য পরাগরেণু,এটাই রাখো বুকে,সুগন্ধ ছড়িয়ে পড়বে।
আমি উড়ি,তুমিও ওড়ো আদরে আদরে ভেসে যাই,
চুপকথার নীরবতায় সঙ্গমক্লান্ত,নীল ঘুমের পালঙ্কে।

যে ফুলে বাঁধানো ছিল ফুলশয্যা,ছিঁড়ে পড়ে,তাই
রঙিন প্রজাপতিটা কেন থেমে গেল,ভেবে পেলাম না।।

তূরীয় মার্গ

বুড়ো লোকটা বসেছে বাঙলা মদের দোকানে,
ক'ল বের করা ছোলা,কাঁচালঙ্কা সামনে গেলাস,
দড়ির আগুন থেকে সিগারেট জ্বেলে নেয় চুপচাপ,
জীবনের বিপন্নতায় জামায় অসংখ্য পোড়া দাগ,

এখানে একাকী,শিরীষ গাছের মতো শূন্যতার সাক্ষ্য,
কোনো শোক,গ্লানি,সংশয়,সংসার মনে রাখে না,
ঘড়িতে বাজে রাত বারোটা,দীর্ঘতর ভুলের মাসুল,
একটা লাল খাম উড়ে আসে,ডেকার্স লেনের দিকে এগিয়ে
যায়।।

শেষ হয়েও

ঘুম ভেঙেছে খুব সকালে,জীবনকাঠির ছোঁয়ায়---
শেষবার এসে দাঁড়াও,হালকা বৃষ্টি পড়ছে,শুখা মাটিতে,
শিকড়ে নিহিত গাছ,গাছে ফুল,ফুলের গন্ধ বাতাসে,
খা খা বুকে বসে আছি,একাকী বড়ই নিস্তরঙ্গ---

ইছামতী হাওয়ায় হাঁটতে হাঁটতে অনেক দূর যাবো,
জোয়ারের জলে,তুমি দূরের পানসিটিতে,হৃদয় কেন
দোলাও,
নির্জনে তোমার মুখোমুখি হই,সে দুঃসাহস আমার নেই,
এ'গোলমালের গোপন কথাটি,ভালোবাসি,ফিরে ফিরে
দেখি।

সেইদিন

একদিন ডাক দিলেই ঘর ছেড়ে বাইরে যাব আমি,
সামনে এসে হাঁক দিবে কোন্ সময়,ভাবনা সেটাই!
ঘন্টা বাজলেই শেষ চলে যাব তল্পিতল্পা গুটিয়ে---
চুমুতে ভরিয়ে দিতে এসেছো তুমি,ফুলের তোড়া হাতে,
আমার শরীরে চুঁইয়ে পড়ছে তোমার ঐ ঝরঝর ঝর্নার জল,
সাঁই সাঁই হাওয়া খেলছে শরীরে, মন্দাক্রান্তা তুমি বৃষ্টির শব্দে
ঘুঙুরের বোল ঘাঘরায় ঘূর্ণী,চোখের ইশারায় আঙুলের মুদ্রা,
প্রলয় নাচন আমার সমগ্র সত্তা জুড়ে,শূণ্য মঞ্চে আমিই নটরাজ।।

সোনালি ডানায়

আজ আমি মানুষ না অমানুষ--
সোসাল ভাইরাল সংক্রমনে,
সারা শরীরটায় বদ্ রক্ত,
বিকৃত মুখভঙ্গির ওরাং-ওটাং।

নিজের অনিচ্ছায়,পরিস্থিতির দায়ে
অজানা যাঁতাকলে,হাঁফ ধরে বুকে,
পারদের চাপ তরতরিয়ে ওঠে।
শ্রান্ত বিষন্ন আমাকে আমন্ত্রণ জানায়
এক চারাগাছ,"আমিই তোমার খেলাঘর";
চির-হরিৎ এক অরণ্যের অধিকার আমার।

খোলা মনে আমি আদম আর আমারই ইভ্,
কিশোরীর উচ্ছলতায় অরণিও উচ্ছল হয়,
খুশীতে জানায়,"ভয় নেই,এসো,আমার আড়ালে,"
অনন্ত দিগন্তে উড়ে চলি,'মুক্ত-সিন্ধু-শঙ্খ-চিল'।

মহা লয়া

আমি মৃনালিনীকে চিনি--
বাংলাদেশের মুক্তিযুদ্ধে
নিঃস্ব পদ্মানদীর পাথালী ঢেউ
য়েরাজা'কার বাহিনীর ঈষৎ ঘর্ষণে
ভিটেমাটি ছেড়ে দেশত্যাগী হয়েছিল
পেটে ধরা একটা জ্যান্ত মাংস ডেলা।

প্রোটেষ্ট্যান্ট সেই অভাগিনী নারী
ভিখিরী-মা কলকতার এক মেরী
জৌলুষহীন এক নাগরিক ফুটপাতে
চালচুলাহীনা উদরপূর্তির ছলনায়
আজও বেয়ান পুরুষহীন সংসারে
ব্য র্থ বাসনার দহন করিতে নি রবান।

সাত সাতটি বেগার-জিসাস
সাত তারা লোভী কংস সমাজে
অনাহার অভিমান তাচ্ছিল্য নিয়ে
হয়তো আছে বা নেই শূন্যমন্দিরে।

মহাবিপর্যয়ের মৃত্যুর বিভীষিকায়
আজকের দুর্গা তাঁর পাথর-পেটে
ধরতে চায় অষ্টমগর্ভা শ্রীকৃষ্ণাকে
ছিঁড়ে ছিবড়ে খাওয়া মানানসই বিশ্বের
কোনো এক অন্ধকূপ কারা অন্তরালে
কংস বংশ ধ্বংসের মহানির্মানে।।

ছায়াময়

কায়াহীন ছায়াপথে ফ্যাকাশে চাঁদের আলোয়
প্যাঁচার নিশিডাক--ঘুম ভাঙ্গে কুকুরের কান্নায়।
ওত পেতে মাকড়সার জাল--মৃত্যু পরোয়ানা
নিঃসঙ্গ চাতকের বিষন্ন সুর--নিশ্চল স্তব্ধতার
ঈঙ্গিতে অনুপ্রাস ধ্বনি--চামচিকির আনাগো
নাবিদীর্ণ অলিন্দে ফাঁক--ফোঁকর খোলা জানালায়
প্যাঁচানো অর্কিড--ক্লোরোফিলের লেশমাত্র নেই
আপনজনের বিদেহী আত্মার--দুঃখ স্মৃতি সত্তায়।

কল-কব্জায় জঙ্ মরচে পড়েছে--চলৎ শক্তিহীন
হারিয়ে ফেলেছি--দাপটে উল্লাসে মেশা সেইদিন
তবুও অতল জলধী--ফেরা ঢেউয়ের ঘূর্ণিপাকে উজানি
বাতাস নেমে গেলে--অপেক্ষায় আছি
চুমুতে চুমুতে ভরিয়ে দেব--ওর তিতকুটে মুখ
আমাকে জড়িয়ে ধরে একবার এ'পাশে ফিরুক!!

এই'তো জীবন

জীবনানন্দের রাতের কলকাতায়
কানফাটা নৈঃশব্দ্য সে কথাই বলে চলে
জনহীন নিকোনো গলির আলোছায়ায়,
এখনও রাতের স্বপ্নে হানা দাও তুমি,তাই
শূন্যতার শহরে শক্তি যেতে পারে,যায়নি
নীললোহিত নীরা কে নিয়ে কোনো এক চুলায়,
সৌ-মিত্র আঁধারে,পাশে নিঃসহায়তা অন্তহীন।

তেপান্তরের পারের সেই বাড়িটায় চলছে
প্রোমোটারের ভাড়াটে বাহিনীর ভূতের নেত্ত

উদ্বাস্তু ঘরে হাড় হাভাতে ফ্যাতাড়ুর ঝাঁক
এক ছিলিম গাঁজার টানে মোঁ মোঁ মৌতাজ
রসিক বাঙালির দোর-গোড়ায় মদ্য পরকীয়া
করোনার আকালে দু-পাত্তর পেটে নিয়েই মরি,
বিজনে দুঃখে বিপদে বিষম বিষবিকারে
জরাভারাতুরে হৃদয়মাঝে দুখ নয়ননীরে।

ভোরের আলোয় শিউলি গাছটার নুয়ে পড়া ডালে
থোকা-থোকা ফুলের সাজ চেতনার অন্ধিসন্ধিতে!

জীবনানন্দ

চালতা ফুল/শিশিরের জল/ভিজে ঠোঁটে
নরম গন্ধ/ঢেউ-এ মুগ্ধ/হিজলের গাছে।

জলসিঁড়ি নদী/ভাসানের গান/শুনি নির্জনে
আলো -আঁধারে/কানে কানে/নিবিড় ছন্দে।

কামরাঙা লাল/মেঘের দেশে/সন্ধ্যা নামে
শান্ত স্নিগ্ধ/ভিজে পেঁচা/কদম্বের বনে।

সুখ দুঃখের/বাতি জ্বলে/মোহিত মায়ায়
শুক ভোলে/সারি কথা/চন্দন চিতায়।

নীল বিষে/আরো নীল/অপ-রাজি-তায়
কলার ভেলায়/ভাসে লখাই/বেহুলা ত্বরায়।

ভাঁট ফুলে/ ঘঙুর বাজে/পায়ের তলায়
জোনাকির রূপে/খঞ্জনী হাতে/ঐন্দ্র সভায়।

ভিক্ষা যেঁচে/লয়ে যাবে/সজীব বরে

আঁখি মেলি/বাঁকা চাঁদ/জেগে রহে।

উড়ছে বাতাস/দুলছে দোলায়/দলা মুথাঘাস
ভেরেণ্ডা ফুলে/নীল ভ্রমরা/নরম আকুল।

বাঁশের ঘোমটা/বিধবার ছাঁদে/হরিও লুটে
সোঁদা গন্ধ/কাক-টাঁশে/কাঁটা ঝোপঝাড়ে।

মেঘলা দিবসে/ঢেউ ওঠে/খালবিল জলে
চাঁদা-সরপুঁটি/হাঁসের পালকে/কলমীর মূলে।

মেঠোপথে কবি/বঁইচির ঝাড়ে/লালশালু গায়ে
শালিকের বেশে/গাঁ ভালবেসে/জীবন গোঙায়।

আজব ভালোবাসা

উদাস চোখে তাকিয়ে পূবের জানালা খুলে
জানালার পাশে রাধাচূড়া,ভীষণ উন্মনা,
কৃষ্ণচূড়া ফুল ফোটায় আর ফুল ঝরায়,
নিঃশব্দে সম্পর্কের মধু খুঁজে নিতে আকুল,
ফুল আর মৌমাছির গোপন প্রেম বাগানেই,
প্রেম পাখি বলে--ভালবাসা দড়ি টানার বাঁধন
স্বপ্নময় আকাশ চিরে উড়ে এল সাত ভাই চম্পা ,
খোলামেলা প্রান্তর,ছুটে আসছে শ্যামলী বাতাস,
কচি পাতার ফাঁকে আমের মুকুল ঝুলে আছে,
জ্যোৎস্নার আবাহনে,লুকিয়ে টগর ফুটিল মেলা।।

তবুও দুজনে

বৃষ্টির গান আকাশ জুড়ে কালো মেঘের ঘনঘটায়,
বৃষ্টির ফোঁটার মতো মুক্ত প্রেমিকের ছোঁয়ায় আমি।
শরতের সকালে শিউলি বিছানো রাস্তা,পদ্মপুকুরে ফোটা পদ্ম,
পদ্মপাতায় সূর্যরশ্মি,মুক্তোর দানা,খেলছি তোমারই সঙ্গে।
হেমন্তর বিকেলে পাকা ধানের সুবাস,জানলা দিয়ে উঁকি দিয়ে
কানে কানে ফিসফিসিয়ে বললো,শুধু তোমাকেই চাই।
বসন্তে মঞ্জরি-আমের গন্ধে চরাচর মুখরিত হয়ে উঠত,
আজি দখিন দুয়ার খোলা,ফাগের রঙেই রঙ মিলাতে হবে।
এল সেই বৈশাখের খাঁ খাঁ দুপুর,আমি একা বড়ই একা,
কালবৈশাখীর উদ্দাম বাউলিয়া বাতাস,পাগলপারা সেই তুমি।।

সেই তুমি

এখন আকাশে তাকাই,খুঁজে বেড়াই তোমার অলীক ছবি,
ক্লান্ত ঠোঁটে সিগারেট,স্মৃতি জাগায় এখনও--
স্মৃতিবাহক,আমি হেঁটে হেঁটে যাই অচেনা হাওয়ায়
স্বপ্নেও সেই,সেই তুমি,উদ্ভাসিত চাঁদপানা মুখ,
লাবণ্য তোমাকে ছোঁয় এই দীপ্ত মেঘের বিকেলে
উদাসিনী তুমি তাকিয়ে রয়েছো দূরে সূর্যের প্রচ্ছায়ায়।

নিরন্তর স্বপ্নের শেষে,উদ্ভাসে সবই যেন ধোঁয়াশা!
ফুল ভেসে গেছে তোমার সাথে অনন্তকালের ফুলশয্যায়!!

কাহানী

দাদুর রাখা গড়গড়াটায়
হুকাম টানেন ছোটকা।

ঠাম্মার ভাঙা হারমনিটায়
রেওয়াজ সারেন জেম্মা।

মাকে পেলাম অনলাইনে
বাবার গাঁজা টানটায়।

বোম্বে থেকে ভাগ্নে এসে
খোলেন আমীর ড্রেসটা।

রান্নাঘরে ললিত রাগে
মশলা পেষেণ কাম্মা।

পানপিকেতে পানের সাজে
রাঙায় পিসী ঠোঁটটা।

ভাইয়ের কথায় লম্ফ জুড়ে
বহিন নাড়ায় নথটা।

দুলা যখন বিড়ি টানে
জ্যাঠা টানেন কানটা।

এ'তো মোটেই কেচ্ছা নহে
খাহানী ঘর ঘরকা।

দেশের কথা বলতে গেলে
কিস্সা ছ্যাঃ ছ্যাঃ কুর্সি-কা।।

কালবেলা

নিমতলার ঘাটে গিয়ে সূর্যাস্ত দেখবো এই আশায়
ফুর্তির ফেনীতে মুখ দিয়ে না'ডোবা শূণ্যে ঝুলন্ত আমি,

দমকা হাওয়ায় একটি রঙিন খাম উড়ে আসে বুকে,
মেঘলা ছিল,হঠাৎ রোদে কি-হয় কি-হয় ভাব,
খুলে যদি দেখি দুঃখ,একান্ত আপন করে রেখে দেব,
যদি সুখ হয়,তার সুগন্ধ ছড়িয়ে যাবে আকাশে বাতাসে।

আমি'তো এও জানি শেষযাত্রার কালরেখা ছুঁয়ে
দাঁড়িয়ে রয়েছি আজ আমি নয়,আমার প্রতিভূ।।

স্মৃতি সতত

ঘোর অন্ধকারে স্মৃতির শব,নিজেই নিজেকে নিয়ে,
এখানে স্টেশন নেই কোনো,আসলে অনন্তশূন্যে
ভাঙ্গাচোরা এ-সব মানুষ,এরা দাবা খেলার বোড়ে,
ঘেরাটোপে নিষ্কম্প নিরুত্তর,চাতকের ডাকে সাড়া দেয় না।
অনন্ত দুঃখের চিহ্ন,ফুলের পাশেই দাঁড়িয়ে আছে মৃত্যু,
গান্ধারীর চোখ বাঁধা,সারি সারি শতপুত্রের লাশ!
আমরা ভুল জানি,মহাভারতের কথা নাকি অমৃত সমান,
এটা'তো কলিযুগ,ভারী বাতাসে কালোবৃষ্টি,করালী
করোনার গ্রাস!!

প্রসহন

নিশুতি রাতে জোড়া খেজুরতলায় কুয়াশামাখা জ্যোৎস্না,
আকাশে রোশনি,জমিনের রজনীগন্ধার সাথে পাল্লা দিচ্ছে,
ঝোপেঝাড়ে জোনাকির দীপ,মিটিমিটি জ্বলা আর নেভা,
গাছভরা শিমূলের ফুল,গাঢ় লাল রঙ আমার প্রিয়,
গাছের উপরে সাদা বকগুলোর ডানা ছটফটানি
শেয়ালের ক্যা-হুয়া আর্তনাদ,ঝিঁ ঝিঁ পোকার ঝিঁঝিঁয়ানি!

এখনও ঘোরে আমি, বউ-পালানো বাসর ছেড়ে---
সানাইয়ে বেহাগের রাগ,আতরের সুগন্ধি,আলোয় ভাসছে
আশপাশ!!

মাৎস্য ন্যায়

এরা ঠ্যাঙাড়ে বাহিনী,দেশের দশের ক্ষমতা কুক্ষিগত,
দাঁতে দাঁতে ছিন্ন হলো গীতার দর্শন,কালের নিশানে,
মহাভারত লুণ্ঠিত হতে হতে জীবনটাই বিভীষিকাময়,
চুরি ডাকাতি তছরুপ রাহাজানি ধর্ষণ চালায়
স্বনামে - বেনামে,
এরা গোখরো সাপের অনুসারী,প্রতিবাদের ভাষার টুঁটি
চেপে ধরে।
দিনে-রাতে কাপালিক নিজেই বিজ্ঞান সাধক বুজরুকি
চালায়
গ্যালিলিও,ডারউইনের মাথার খুলি নিয়ে মিথ্যে
তত্ত্ব চালায়
!বিচারের বানি নিভৃতেই কেঁদে মরে,বিচারকের "রাম নাম
সত্য হ্যায়!!"

টর্নেডো

যুধিষ্ঠিরের সর্বাঙ্গে দগদগে ঘা,গলেগলে পুঁজ পড়ছে,
এখন ঘাতকেরা দখল নিয়েছে সময়ের বীভৎসতা--
যে দিকে তাকাও আসর জমিয়ে লুট হচ্ছে সম্পদ,
পুড়ে যাচ্ছে দেহ,মস্তিষ্ক, অধীর দুই চোখ খুবলে খাচ্ছে,
ক্ষুধা,তৃষ্ণা আর হৃদয়ের টুকরো সেই ভালোবাসা!

হাড়-হাভাতে নিরন্ন মানুষ কাতারে কাতার,কবি, শিল্পী,
মানুষ এখনও কাঁদে মানুষের দুঃখে,শূণ্য দেউলে,
কামাল পাশা,তুমি টর্নেডো,পরাস্ত করো শকুনির ছল-
চাতুরি।।

শেষ কোথায়?

পথ দেখালে যেতে পারি,তোমার ইচ্ছা যদি থাকে--
সুরের খেলায় বাঁধো মোরে আনত আশ্বাসে
মম প্রাণহরা,অমৃত-সুধা, ভাবনা-উদাসীনা,

মহাশ্বেতা,কিংবা আরো অনায়াস,পরিচিত নাম।
খোলা হাওয়ায় সব-কিছু নিলে কি ভালোবেসে?
তাজা ফুলের পাপড়ি দিয়ে গাঁথো মিলন মালা,
ঝড়ের বেশে এলোকেশী,দিলে বিষন্নতার ছুটী
তাই নিয়ে মোর মিটল আশা--স্বপন গেল টুটী।

তবে কি আর পাবো না তোমায় আমার পাশে
আছি তোমার প্রতীক্ষায় আমার শেষের এই বেলায়,
স্থির থেকে স্থিরতর হয়ে সময়েরই নির্জনতায়,
নাহি জানি কারে তাই বলিবারে এত হই উতলা,
তবু--নিঃস্ব হবার আগেই যেন শান্ত হতে পারি।।

পরমা

আমি শুধু খোঁজে আছি,পরমার নৈকট্যের খোঁজে,
টের পাই স্মৃতি-সত্তা-ভবিষ্যত,আদি থেকে অনন্তে,
প্রবাহে নিশ্চিত হতে চলমান থাকি,বৌদ্ধিক মননে,
মেঘের সাথে রোদের খেলা,তারায় তারা জ্বালিয়ে
দীপশিখা,
মায়ার খেলায় সরনের পথ খুঁজি শান্ত সমীরণে,
কুঁড়ি থেকে ফুল ফুটুক বনের গোপন শাখে শাখে,
ফল থেকে বীজ বুনে মহীরূহ এক অপার বিস্ময়ে
জাগরণে কেটে যায় বিভাবরী তরঙ্গিয়া আনন্দীর
অট্টহাসি।

ছিন্নমূল

মানুষ কি এতোদিনে সেই মানুষই রয়েছে!
মানুষ আজ প্রতিবন্ধী ধর্ম ও স্নায়ুর যুদ্ধে,
জটিল এক অঙ্কের ধাঁধায় ঘুরপাক খাচ্ছে,
কালিতে লেখা অক্ষরে রক্তের দাগ লেগে থাকে,
আঁকিবুকির জটিল আখর,অশ্রুপাত জমাট পাথরে,
সময়ের শরীর থেকে মুণ্ডুটাই খসে পড়েছে বালিতে,
কয়েকটি শকুন শবদেহ ঘিরে ছিন্নমস্তার ধ্যানে বসেছে,
আমাকে দখল নিয়েছে,ছটফট্ করি,শব্দহীন কাঁদি,
মৃত্যুর কাছে ঋণী আমি,এই'তো বেশ হরি হরি হর হর!!

চক্রবত

ঝরঝর শ্রাবণের বৃষ্টিধারা গড়িয়ে পড়ছে শান্ত পুকুরে,
শীতে আবারও ফিরে যাবে বাষ্পের কণা মেঘকন্যা হয়ে,
বরফে আচ্ছন্ন গভীর রাতে একা কেদারনাথ ধ্যানে মগ্ন,
কুয়াশা এসে ঢেকে দেয় আমার ছানি পড়া দৃষ্টি,
বাতাস এখন স্থির ঊষার আলোর নিবিড় আলিঙ্গনে,
একাই বেরোব প্রাতঃভ্রমণে,শিরদাঁড়া টানটান রেখে,
মনে পড়ে গেল,দুঃখ ছাড়া আর কেউই একা হাঁটে না,
তবুও আমি জানি কখন কোন্ গাছে কোন্ ফুল ধরে।।

সে আসছে

হে মায়াবী,বিদেহী দূরে বসেই টের পাই
সূর্য চন্দ্র,নীহারিকামালা মহাকাশে!
তোমার আদেশেই ওরাই বানাক বাগান,
ওরা সব ফুল হোক,পাখি হোক,প্রজাপতিও,
হোক গান,রূপ হোক,হোক আনন্দময়ীর বার্তা,
ওরা স্বপ্ন ছায়ার মতো নিত্যসঙ্গী,আমার কবিতায়।
ব্যর্থতার কালো মেঘ যদি ভিড় জমায় মনের কোনে,ভরসা
রেখো,মুষলধারে সুখে ভাসবে কোনো এক সকালে!!

এই'তো বেশ

মাটিতে সূয্যি আসে,মাটি হাসে,মাথা তোলে চারা
বনস্পতির,
সুপবন চেয়েছিলি,সুসময় চেয়েছিলি,জড়িয়ে উষ্ণ রোদ,
ঐ নাচে শালবন,মহুয়ার নেশায় মাতাল,দোলে মন দুরন্ত
দুপুরে,
আলোতে গাইবি চল,নির্জন ঝমঝম,বাজে ঐ পূরবীর
সুরে,কোথায় আকাশে বাজে সোনার সরোদ,ভেবে কুল
নাহি পাই,আরো ঘন কুয়াশায়,জড়িয়ে
ঘুমেরকাঁথা,আকাশের তারা গুনে যাই।।

লড়ব

আকাশ থেকে গোঁত্তা খেয়ে পড়ল একটা স্বপ্ন হাঁটু ভেঙে,
ভাঙা দেওয়ালের কোনে কোনে মাকড়সা বুনে চলেছে
জাল
সেখানে সব আলো নিভে গেল দমকা হাওয়ার চাবুকে,
আঁধারের লম্বা ছায়ায় ফুসফুসে সাঁই সাঁই উত্তাল
আওয়াজ,
এখুনি ফিরতে হবে অকাজ থেকে কাজে,অসুখ থেকে
সুখে,
ভেতর থেকে সাড়া পাচ্ছি---পরাভব মানিস না কখনো,
একা একাই হাঁটতে হবে কঠিন পথ ভিক্ষুকের অমর
আভিজাত্যে।।

সাধ জাগে

ঈষৎ আঁচল সরিয়ে নতুন ভঙ্গিমায় মডেল,হে নবীনা,
আমি তাকিয়ে থাকি,দুই চোখ আটকে যায় পাহাড়ে,
বরফে ঢাকা সৌন্দর্য,গরমে বরফ গলে গলে পড়ছে,
মাথা ডিঙিয়ে থমকে থাকে লাল একটুকরো মেঘ,
আমি দিশেহারা, নিঃস্ব,এক চাতক উদাসী,শুধু ভাবি,
মেঘলা ছিল,হঠাৎ রোদে কী-হয় কী-হয় ভাবটা গেল,
তবু কিছু প্রশ্ন থেকে যায়,কিছু প্রশ্ন চিহ্ন হারিয়ে ফেলি,
জড়ো হয়েছিল নিদ্রা-স্বপ্ন-নীরবতা ছা-পোষা এক
মানুষের।।

তোমার জন্য

তোমার জন্য আমি নরক বাস করতে পারি
কারণ তুমি তো শুধু স্বর্গের পথই চেনো

তোমার জন্য কোনও দুঃখে দুঃখী হইনা
কারণ তুমিই রূঢ় বাস্তবতা-আনন্দময়ী

তোমার জন্য মিথ্যে-বেসাতি করতেও ডরি'না
কারণ তুমি জান জীবন-সত্য সত্যই সুন্দর

তোমার জন্য আমি সাইলকও হতে পারি
কারণ তুমিই তো সর্বত্যাগী আর্তের তেরেষা

তোমার জন্য আমি কাক-কর্কশ বেসুরো চেঁচাই
কারণ তুমি কোকিল-সূর মূর্ছনায় ভরিয়ে দাও

তোমার জন্যই আমি পরশুরামের কুঠার আঘাত
কারণ তুমিই সুগন্ধী ফুলের পেলব পরশ দিতে পার

তোমার জন্য আমি খামখেয়ালী মঃবিন তুঘলক
কারণ তুমি'তো সর্বংসহা কালজয়ী মৌলীশা

তোমার জন্য আমি গোষ্পদে অশ্রুবিন্দু মেঘছায়া
তুমি আমার দিগহারা সাগরের উতালি-পাথালী***

সাম ঢলে

সূর্যাস্তের পথে চলা আমার প্রেম,
ভাঁটার টানে নৌকাটা দুলছে।
এক-পা, দু-পা করে শুধুই অন্ধকার,
মেঘে ঢাকা চাঁদ আকাশের কলঙ্কিনী।
কুকুরের কান্নায় হাহাকার,পেঁচার ডাকে
নীরব ভাষায় স্বপ্ন জাগে,স্বপ্ন পোড়ে।
তবুও শেষ বিকেলে যদি তোমায় পেতাম,
রাঙিয়ে দিতাম সাগর,লাল-রঙা ছোপে।।

একলা চলো রে

অন্ধকার থাকতে থাকতে ঘুম ভেঙে যায়,
বিষন্ন মন যেন একাকীত্বের জন্ম দেয়--
স্বপ্নময় আকাশ চিরে উড়ে এসে বসে
হারিয়ে যাওয়া একটা হলুদ পাখি
ক্ষত আর ক্ষতি মিলে সে বড্ড অসহায়!

নৈঃশব্দ চিরে কে যেন দরজায় কড়া নাড়ছে,
আর সব জন্তু হাঁক দেয়,আমি নাকি বড্ড বেয়াড়া;
তবুও আলপথ মাড়িয়ে হেঁটেই যেতে পারি একলা
ঐ'অচিনপুরে।

ভাঙনের গান

বৃষ্টির গান শুনেছিলাম সেদিন মেঘমল্লার রাগে
ভিজে মাটির সোঁদা গন্ধে উঠে এলো নরম ভোর
ফসফরাসের মতো জ্বলছে খোয়া এ'জীবন
ঘুমচ্ছায়া পিছনে ঠেলে টানটান উঠে দাঁড়াই।

এ'জীবনটা হলুদ হয়ে যাওয়া রূপকথার বই
পড়তে পড়তে পৃষ্ঠা সব ছেঁড়া ছেঁড়া---
ঝোপের আড়ালে আটকে থাকা ডাহুকের ডাক
পানাপুকুরে ছুঁড়ে দেওয়া ঢিল,সরে যায় জল
পুঁইমাচা উপর ঘার বেঁকিয়ে উদাস ভেজা কাক
সবুজ কচিপাতার মাঝে বিদীর্ণ বীজের খোসা।

স্মৃতি ইতস্ততঃ অগোছালো ছেঁড়া পাতার মতো,
মৃদু বাতাসের ঢেউয়ে আগাছায় ভাঙনের গান।।

উদ্বায়ী

পারদ মন-- কখন কি যে ঘটে জতুগৃহে
স্বপ্ন ভেঙ্গে গেলে --তাকিয়ে কড়িকাঠে।
উঠে দাঁড়াই--আমি অর্জুন কুরুক্ষেত্রে,
শতবার শতরূপে--শত শত যোনিপথে।
ভোলবদলে ভোলানাথ--সব নাটুকে ছাড়াছাড়ি,
নষ্ট হয়েছি আমি--ধর্মেও আছি,জিরাফে আছি।
সব্বাই বড় হতে চায়--অপরকে ঠকিয়ে কৌশলে,
কবন্ধ জীবন--অস্তিত্ব পুড়ে,পড়ে থাকে সাদা ছাই।

অমানিশা

আদরে জড়ায়ে ধরি উদ্ভিন্না বিদিশাকে,
ফাঁকা মাঠ, গাছপালা,উদ্ভ্রান্ত বাতাস।
বৃষ্টি হোক বা নাই হোক,আজই রথ--
আষাঢ় সন্ধ্যায় বৃষ্টিভেজা এক পথ।
মরুবেলায় শান্ত ঝর্ণাধারায় ধুইয়ে দিল
কাগজ,অসংখ্য হিজিবিজি কবিতা লেখা।
তাৎপর্য্যহীন ঘটনার অসামান্য অগ্ন্যুৎপাত,
সন্ধ্যা-প্রদীপের মতো আলো করেছিল যৌবন।।

হয়তো ক্ষ্যাপামি

আমার হয়তো ইচ্ছে করে আজও
সমুদ্রের ঢেউয়ে আছড়ে পড়ি,
---কখনও নীল,
---কখনও চঞ্চল,
---কখনও অতল,
---কখনও ফেনা
হয়ে রাতবিরেতে
চাঁদের কলঙ্ক নিয়ে
তোমার শয্যায় চুপিসাড়ে,
এঁটেল জোঁকের মতো
চুম্মা চুমুতে ভরিয়ে দেবো
তোমার লিপস্টিক মাখা টুকটুকে ঠোঁটে।

ফিরে দেখা

ফেলে আসা দিনগুলি,দূরলীন শিকড়ের ছায়া,
শিরীষ শিমূলের লালিমায়,মধুমালঞ্চ ভরা মায়া;
জলে ঝড়ে রৌদ্রে শিশিরে ছেঁড়া ঘাস,কাদামাটি,
সিন্ধুর জলরাশি,বিন্দুতে বিন্দু,আকাশে শঙ্খচিল।
আমার কান্না জমে-জমে বুকের ভিতর লাল আগুণ
পথ হাঁটি বেদুইন আমি পিপাসার্ত তপ্তবালি পেরিয়ে
ফিরে আসি নক্ষত্রের নিসংগতায়,
নারীর উষ্ণতার পরশে ছোঁয়া অনুভূতি,
ছন্দবন্ধ কবিতার গভীরে।।

জ্যোতি

হাজার হাজার লাল গোলাপ
লাখো লাখো মানবের বন্ধন
কোটি কোটি হৃদয়ের জ্যোতি!

রাজনীতির মঞ্চে নাটক করেন নি
একবারও ড্রপ-সিন পড়েনি
শোষিত মানুষের আলোক-দ্যুতি!!

অচিন

এখন আমার বয়স বেড়েছে,
আর পারি না ভোরের সোনালী আলোয়
উলঙ্গ শিশুর মত তীক্ষ্ম ঋজুতায় ছুটে যেতে।
বুকের ভেতর খাঁচাটা দুলছে পেণ্ডুলামের মত,
বন্দি হওয়া অচিন পাখিটা ডানা ঝাপটায়,
জখমী-শের-ই-বাঙলা নির্মম আঘাতে জেরবার,
খাঁচা ভেঙ্গে এখুনি বেরিয়ে পড়তে চায়।

ফাগুনে আগুন নেভানো কলিজা,ঝলসানো দুপুরে
সমুদ্র এখনই বৃষ্টির কোলে হঠাৎ ডুবে যাবে।
ভেজা দুপুরে ক্যানভাসে ছবি একাই বসে আঁকি
ডুবে যাওয়া অন্তবিহীন এক দৃশ্য--
খাড়ি নদীর তীরে বটগাছের ছাওয়ায়
পেঁজা-তুলোর ভাসমান মেঘে হাজারো প্রশ্ন
কিলবিল করে অন্দরের মামলা--বিষণ্নতার ছোঁয়ায়
পোড়া রুটিতে টুকরো জীবন--স্বপ্নের 'সুধা'
আমলকে নিয়ে পালায় পাহাড়ের কোলে, দইওয়ালার

গাঁয়ে।

সব ভাবনার তার ছিঁড়ে ছিঁড়ে যায়,
নিশুতি রাতে আমি নিশাচর ঘুম আসে না।
চাতক আজ বড়ই শ্রান্ত আর পিপাসার্ত,
তাই হয়তো কৃষ্ণচূড়ায় ফ্যাকাশে লাল ফুল,
রাধাচূড়ার হলুদ ফুলে রক্তাল্পতার ছোঁয়া,
আর ঘাস থেকে ক্লোরোফিল নিংড়ে নিয়ে
পোকায় খাওয়া মেহগিনি শুকনো দাঁড়িয়ে
---ধূ--ধূ মেঠো প্রান্তরে!!

খাস কথা

হায় চিল! সোনালী ডানার চিল
ইচ্ছে হয় তোকে ডেকে বলি
ভালোবাসার মরা নদীতে কষ্টেই আছি,
যদি পাল্টে দিস জীবনের রঙ্--
হয়তো কিছুকাল বাঁচবো আরো
কবিতার জন্য,তোর সেই ভালোবাসায়
বন্দি হব গোপন এক খা সকামরায়!!

উদাসী হাওয়ায়

দরমার বেড়া,ছেঁড়া তেরপল সামিয়ানা করে
নিশ্চিত বাস একটি ছোট্ট ঘরে,
ঘরের অন্ধকারে বসে আছি নিশ্চুপ!
জানালা দিয়ে তাকালেই জোনাকির আলো

আঁধার ভেঙ্গে ভেসে পুরানো একটা তান--
জল ছুঁয়েছে পা,জল ছুঁয়েছে কোমর,
জল ছুঁয়েছে মাথা,বেপরোয়া মন,
অনিয়মে কাঁদে,আবার বেনিয়মে হাসে,
বিষাদি মেয়ের প্রেমে উদাসীন চুম্বন।
ঝাপসা নেগেটিভ রাতে মরানদীর বান।
ছড়ানো কিছু সংলাপ নির্বাক আমি।
মৌনতার কিছু ফুল,কোনে ফুলদানিতে,
সেই রাতেই এক কবিতার জন্ম,শূন্যতা বিষয়ে।
আর আমি কাঁসাই নদীতেই
ডুব দিলাম!!

MY DAD

বাবাকে ছাই করে ভাসিয়ে এলাম
---রূপনারাণের জোয়ার জলে।
স্মৃতির জলকণা টুপটুপ ঝরে পড়ছে-
---থেকেই মনে মনে।
দেহহীন সত্তা,উপলব্ধির দেহ,নৈঃশব্দ
---বড় ভালোবাসি তাঁকে।
পিঠে আলতো ছোঁয়া,ভূত নয় ভবিষ্যৎ
---বিষণ্নতায় বুক চিরে উঠে।
হতাশা,যন্ত্রণায় মেঘে ঢাকা তারা-
---- একান্ত অস্তিত্ব অনুভবে।
ভোরের আকাশে শুকতারা যবে
আঁখি মেলে,
সূর্য যখন বর্ণ ছড়ায় সাগর জলে,
বাবার ছবি আঁকি মন্ত্র বলে--
পিতা কর্ম,পিতা ধর্ম,পিতাই বাস্তবে পরম তপঃ।।

মরমী মোর

আজ প্রথমবার
বসন্ত এসে কিছু চাইল !
ফেরাই সে সাধ্য কি ?
আমার পলাশ আমার শিমূল
আজ সব তোমায় দিলাম
রঙীন থেকো তুমি চিরদিন।
মর্মে যে রঙ আছে
সে রঙ ছড়িয়ে দিয়ে বনে
আকাশে বাতাসে আর
মুক্ত পৃথিবী প্রাঙ্গণে
সে রঙ নিও আপন করে
তোমার বাউল মনে
যে রঙ ছড়িয়ে ছিল বনে
প্রেম-বিলাসী আমার সনে
নব মঞ্জরীর চৈতি পবনে।
বন্ধু এস আমার ঘরে
যে আছো দূরে অনেক দূরে।।

চেয়ে থাকি

জ্যোৎস্না পড়ছে ঝরে ঘরহীন গৃহে
মৃদু ঢেউ ছুঁয়ে যায় আমার শরীর,
তরঙ্গগুলো কতদূর ভেসে ভেসে যায়,
হাহাকার ছুঁয়ে যায় নার্গিস ফুল,
বৃষ্টির অপেক্ষায় শুকিয়ে গেছে চোখ,
আমার স্বপ্ন যেন বেগবতী নদী,
আমি স্বপ্নের কাছেই হেরে যাই,

স্বপ্ন দেখতে এখনও ভালো লাগে;
সেই তুমি' নামে স্বপ্নটা আজও চাই,
একদিন প্রতিদিন জীবন আখরে।।

আশ্রয়

রুনুদি,দুপুরে তোমার খোলা চুলের অবয়বে
নয়নাভিরাম মুকুলিত কাঁচা-মিঠে আমগাছ।
খুশীর মৌতাতে পাতার আড়ালে পাতা;
দিলদরিয়া গানে মাতাল দোয়েল কোয়েল।
গাছের কোঠর জঠরে পিঁপড়ে সারি সারি,
সার ডিম,পোকামাকড়ের নিশ্চিন্ত আশ্রয়।
মাকড়সা তার প্রার্থণা ঢেকে রাখে সূক্ষ জালে
পাতা রোদ্দুরের ভিতর অবাক করা বৃষ্টি এলে!
মুখোমুখি বসে দুটি কাক,ফিঙে আর চড়ুই
ঠোঁটে ঠোঁটে বাক্যালাপ,নতুন কি কথা বলে?
ফুলেল আমবোল মধুতে ম'জে শ্রমজীবি মৌমাছি;
সাঁঝবাতি জ্বালাতে জুটে যায় বিস্তর জোনাকি।
গাছ তলায় আদি-মৃত্তিকার ভাব সাপে-নেউলে;
স্বাগত হে,সবারে করি আহ্বান,তুমি এলে বলে।।

শতফুল বিকশিত হোক

ফুল ছিঁড়ে ফেল,
পাঁপড়িগুলি শুকিয়ে যাক
ফুলে কি আছে?সৌন্দর্য!
আর পাপড়ি?সে'তো বর্ণময়!

ও সমস্ত কল্পনায়---
সাম্য দূর কর,
বস্তাবন্দি কর ওসব!
যত তাড়াতাড়ি পার।।

ও'তো শিবরাত্রির সলতে,
টিমটিম করে জ্বলছে
অবরুদ্ধ কিউবায়,
আরকোথায়?
এটাই বাস্তব,হোক না ধূমকেতু।

আর আমরা?
কঠিন সময়ের মুখোমুখি!
তাই আমাদের শপথ--
চেতনায়,প্রতিরোধে,সংগ্রামে
"শত ফুল বিকশিত হোক" !!

লহ তুলে বক্ষে

মা,তোমার মেথু আজও ভালো আছে,
জানালার পাশে রাধাচূড়া গাছটাও।
স্বপ্নময় আকাশ চিরে হলুদ-পাখি এসে বসে,
পূর্ণিমাতে কালো মেঘে ঢাকা তোমার জীবন।
ধানের শিষ থেকে উঠে আসা স্বচ্ছন্দ
তোমার ভালোবাসা,পাখির বাসার মতো।
তোমার কথা,আজও স্মৃতি-সত্তা-ভবিষ্যৎ,
বাতাসে ভাসে,শিশির বিন্দু হয়ে ঝরে পড়ে।
আমার বিষন্ন মন একাকীত্বের জন্ম দেয়,
এতো মেলামেশা তবুও জীবন ভীষণ একা।।

খুঁজে ফিরি

এক হারিয়ে যাওয়া নদী হয়ে
সাগরের বুকে,
কিংবা আকণ্ঠ পিপাসা নিয়ে
নিবিড় মায়ায়,
হরিনীর রক্তের ঘ্রাণ মিশছিল
শিরা উপশিরায়।
গোলাপের পাপড়ি ঝরে ঝরে
চাঁদভাঙা রাতে,
রাতকানা পাখির দিনের স্মৃতির মতো
নিঃস্পৃহ অবকাশে
কানামাছি খেলা নীল অন্ধকারে
পলাতকা তোমারই সাথে!!

পিয়াসী

কাল সারারাত চোখে ঘুম ছিল না
রাতভর টুপটাপ, সিম্ফনি বেজে চলে
চারিদিকে জোনাকির আলো নেই
চেয়ে থাকি অপলক,কেন যে নিদ্রাহীন?
যদি বলি তোমাকে বাসব না ভাল---
বৈরাগ্য এসে টোকা দেয় মনের কোণায়,
তোমাকে বাসতে চেয়েও হল না ভালবাসা
দুঃস্বপ্নে ই কেটে যায় আমার রাত,
রক্তের হিল্লোল নিভে গেছে,তবুও বেঁচে আমি,
সুদূরের পিয়াসী,প্রেমহীন হাজার বছর।।

সে আসে ধীরে

মৃত্যুতে সুখ আছে জেনেও
মরতে চাইনি বাঁচব বলে
আঁধার আলোর আলো আঁধারি
নয়তো জানি রঙ্ বাহারি---
রেখায় রেখায় আখর তব
তোমার হাতের লিখনমালা
জীবনটা তো তুচ্ছ হলো
তোমার বাঁশি শুনবো বলে
দিনের শেষে আমায় যবে
পথে পথেই নামতে হবে
দন্ড দুয়েক জিরিয়ে নি
মৌ-টা প্রাণের তুলেইনি।।

ঘন্টা বাজছে

পথের আঁকে বাঁকে ঘন কুয়াশা,
জমছে বিস্তর গ্লানির কালোমেঘ।
শব্দহীন বার্ধক্যে প্রত্যক্ষ করছি
অন্ধকার গুহার টানেলের ভিতর।
এ'এক বধ্যভূমে অন্তরীণ আমরা, আজ
লেনিনের স্ট্যাচু স্ক্র্যাপ দরে বিকোচ্ছে হাটে
মাঠে ঘাটে শপিংমলে খোলা বাজারেতে।।

কৌতূহলী

তোমার মনের কাছে খবর পাঠালাম
তোমার মনের রঙ কি?
ঝরঝরে হালকা গুলমোহরের হলুদ
মেহেদির গজলের আল্ট্রামেরিন ব্লু
রবিশংকরের সে'তারের ভিরিডিয়ান গ্রীন
আখতারী বাঈয়ের তান বিস্তারের গোলাপি
কালার টিউব টিপে টিপে দগদগে সব রঙ
হাতে ব্রাশ নিয়ে ক্যানভাসে শুধু তোমারই-
গতি,ছন্দে ভঙ্গিমায় মোনালিসার হাসি!

আমি তারেই বলি

শ্যামলী প্রকৃতি প্রেমাকর্ষণ করছে
তুমি মেঘ হয়েই এলে আমার কাছে
গরমের পরে ভিজতে ভালোই লাগছে
কি মিষ্টি বৃষ্টি,জলের স্রোত বইছে
চারিদিকে, যেন ছোটো ছোটো নদী
নদীর বাতাস এসে একবার ঘুরে গেছে
মূথাঘাসগুলো নেতিয়ে কুঁজোবুড়ি
ডোবার জলে ব্যাঙের গ্যাঙর গান
কাক- ভেজা দুটো শালিক ফিঙে চড়ুই
ফাঁকা মাঠে দুটো গরু একপাল ছাগল
চারদিকে সবুজের জাজিম পাতা
অসীম খোলা আকাশে কৃষ্ণকলি মেঘে
অবাক করা বৃষ্টি পাতার ভেতর টুপটাপ
তুমি তাকেই পুষ্পবৃষ্টি বলেছ,বলেছ চরাচর।

এবার তুমি আমার নাটমন্দিরটাই ভাসিয়ে দেবে
মন খরচের পর তুমি নতুন করে কিছু কি ভেবেছ?

প্রভু নিত্যানন্দ

ভয় পাই,আমার পছন্দের নীল শার্ট
নিজেকে চিনতে নিজেরই ভুল হয়
জন অরণ্য যেন কমপ্লিট আস্তাবলে,
দেশটা এখন লুম্বিনী পার্ক হয়ে উঠছে
ছড়িয়ে ছিটিয়ে ক্ষত বিক্ষত মানুষ
শত নরক যন্ত্রণা সহ্য করতে হচ্ছে
লোটা কম্বল ভিটে মাটি বিশ্বায়নের পেটে
তিলক কেটে পথের ভিখিরি জয় গোবিন্দ বোলে।

চার-দুখিনী

উদাসী তুলিতে নবান্নের ধান গোলায়,
লক্ষী পায়ের আলপনার নীচেই
অত্যাচারিতা মূক-বধির নারীর
শোণিত পটে আঁকা ছবি
আঁধার আলোর আলো আঁধারি।

ধর্মের জাঁতাকলে অমোঘ নিপীড়িত নারি
মূল্যহীন দেশে দিশে, বন্দিনী-ক্রীতদাসী;
দগদগে অহল্যার শরীর,আশঙ্কায় দিন কাটায়
দুর্যোগ রাতে আমির শাহজীর গাড়ি বারন্দায়।

কা-পুরুষগুলো চুপিসাড়ে মিথ্যে কাঁচের স্বর্গ রচে,
বজ্জাত কৌরবের জৌলুষ হয়ে পড়ে ম্যাড়ম্যাড়ে;
হঠাৎ উতল হাওয়ায় ভণ্ডামির মুখোশ খুলে পড়ে
ভেসে যায় বারোয়ারি দ্রৌপদির লাঞ্ছনা লোনাজলে

দুঃসহ ক্রোধে--নয়ন জলে ভাসে দুঃখী সীতা
অভাগীর স্বর্গে,রাজমাতা হাহাকারে বনবাসে,
সাধুরূপে রাজ্য চালায় অসভ্য জংলি বর্বর।

আজও মঞ্চ প্রস্তুত,বসেছে 'গণ-বিচারশালা--
মৃত প্রেমিকের বেদীতে প্রেমিকা বলিপ্রদত্ত!!

তাই'তো আশালতা ফুলদানির ঘেঁটুফুল বাসি বলে
পাল্টে নিল একগুচ্ছ টাটকা "লাল-গোলাপ"ফুল।।

আজও মনে পড়ে

শরতের উঁকিঝুঁকি মেঘ
উজ্জ্বল হয়েছে ঝাঁকিপ্রেম
দুটি পাখি আড়ালে
জানালার ধারে বসে
ফুরফুরে হাওয়ায় আবছা আলো
মনের আনাচে কানাচে
ছটপট করে উঠে মন
কত দিনের কত গল্প
কত হাসি কত কান্না
ওকেই তো চিনেছিলে কৈশোরে
ঘরের আগল খুলে বাহিরে,
সে আমার প্রথম কদম ফুল ।।

অমৃতা

পুডিং এর বাড়িটা হাতে নিয়ে অমৃতা
হেলান দিয়ে বসেছে দেওয়ালে।
বাঁ হাত দিয়ে কুশনটা পিঠের তলায়
ঠিক করে নিয়ে মৌজ করে বসল।
ল্যাম্পের নীলাভ আলোয় ঘরটা মায়াময়,
স্বপ্নালু মনে হচ্ছে নরম আলোয়
আরও মোহময়ী লাগছে অমৃতাকে
ঢলঢলে কালোচুল লুটিয়ে পড়েছে
গাম্ভীর্যের সঙ্গে উচ্ছলতা মিলেমিশে--
ওর বেডরুম থেকে ভেসে মাস্টার্স ভয়েসে
রবিশঙ্কর,ইহুদি মেনুহীন আর আল্লারাখা।

যাকে চিনেছিলাম কলেজে বাঙলা ক্লাসে
রবি ঠাকুরের সেই মেয়ের গদ্য কবিতায়!

অসীম দাশের প্রেমে বন্দি সে আজও
কাটছে দিন স্বপ্নে,কাটছে দিন প্রতিক্ষায়
অতঃ কিম?

অকুলান

ঘনিষ্ঠ রাত্রি এসে জোরে কড়া নাড়ছে
আশাহত নির্ভরতার হাহাকারের মধ্যে
রোমাঞ্চকর সব কথা ছটফট্ করছে
এলোমেলো হাওয়া, মৌসুম বাতাসে
ভালোবাসা বাসি--ক্রোধ দুঃখ সমুজ্জ্বল
খাণ্ডবের ভস্ম,কতখানি সিঁদুরের মেঘ
ছায়া থেকে ছায়াময়,দৌড়ে গেল আঁধারে
নিষ্ঠুর মনকে ছিন্নভিন্ন করে আড়াআড়ি
অলক্ষ্যে ছোবল মারছি নিঃসঙ্গতার আমি
স্বপ্নের নীল বিস্মৃতির কাছেই ফিরে ফিরে।।

যেতে পারি

আমাকে যেতেই যদি হবে--
নদীকে বলি,একটি কবিতা দিতে পারো?
যখন আড়াল করে পথ চলি--
গহীন রাস্তায় জনহীন দীর্ঘ এক ফুটপাত,
যখন হাড়হীম শীতে জবুথবু--
পাখির আনাগোনা ছাদে কার্নিসে,
যখন বুকের ভেতর সাঁকো ভাঙে--
হৃদয় জুড়ে ঊর্ণাজালের হু হু এক বিষাদ-গীতি,
এখন আমি পরিত্যক্ত আহত সৈনিক --
কম্পিত হাতে আমার ঠোঁটে তাই শেষ সিগারেট!!

উদাসিনী

ফুরফুরে আদরিনী
প্রাণের টানে,
সৃষ্টিসঙ্গী সাথী,
টুকরো জীবনে।

শীতল হাওয়ায়
অগুনতি স্বপ্ন
মখমল-দোলায়
চুপকথাই রূপকথা।

অলক মেঘেঢাকা
নীল আকাশ,
গোলাপ ঠোঁটে

আমারই চুম্বন।

বিসমিল্লার সুরে
আগমনি গান,
মরুতে শিকড়
লতানো আরণি।

দূর গামিনী
মায়াবী হরিনী,
পৃথিবী পেরিয়ে
আমার অপেক্ষায়!!

গৌ-তম

অনেকটাই কালো মেঘ,আর লোডশেডিং
অন্ধকার রাতে চতুর শেয়ালের ক্যা-হুয়া
থেকে থেকে দানবিক ঘূর্ণিঝড়ের আভাস
আজ সেই রাত,হাতে হ্যারিকেন,সেই ছায়াময়!

মহাভারতের ঝুরো ঝুরো লাখো আধময়লা পাতা
লক্ষীর পেঁচা নয়,এ'তো কালপেঁচা নীরোর রোমে
চারিদিকে লাশ্,মোঁ মোঁ করছে আধপোড়া গন্ধ
উবু হয়ে লাফিং বুদ্ধ কহে,শান্তির ললিত বাণী!!

মাধুরী মেশানো

অধরা মাধুরী কোনো নারীর জন্য কাঁদিনি,
তাকে নিজের করে পাবো বলে কোনোদিন
গোধূলি গগনে রক্তিম মেঘের আড়ালে
তিলোত্তমা কলকাতায়,পেলিঙ বা দীঘায়।

মিথ্যে কাচের আরশিতে সে এক উজ্জ্বল রমনী
তার কোনো পরিচয়,বাড়ির ঠিকানা আজও!
সেকি ছিল কোনোদিন অন্য কোন শতাব্দীতে,
জোনাকি যেভাবে মেশে অন্ধকারে সর্বস্ব হারিয়ে!!

ডুঙরী

টিলা পাহাড়ে ডুঙরী স্টেশন,কাছেই ছোট্ট আমার ঘর,
সামনেই দুটো কদমগাছ,লম্বাটে একটা স্বর্ণচাপা।
শ্রাবণ মাস,তাই গাছে গাছে অজস্র ফুল,ওপাশে ধানখেত,
সবজি আর ফুলের গাছ,বিশাল দিঘি নাম তার শালুক
বিল
সূর্য ওঠা দেখি, রোদ মেঘের লুকোচুরি খেলা,
দিনের রঙবদল আকাশে,সময় বয়ে যায় হাওয়ায়,
ঘাসের উপর দিয়ে উড়ে যায় প্রজাপতি,ফড়িঙ।
দুপুরের হাওয়ায় ছড়িয়ে গেছে সূর্যমুখীর ঘ্রাণ,
প্লাটফর্মে নেড়িকুকুরের বাচ্চার খুনসুটি পুরোদস্তুর।
নয়ানজুলির জলে নুয়ে পড়া ডালে থোকা থোকা
কামরাঙা
শেডের নীচে গুমটি,গুটিশুটি মেরে আরফিন, চা-ওয়ালা
পয়সা গুনে বিড়বিড় করে,বিড়ি খায়,খকখক করে কাশে।

এ'দিক পানে কৃষ্ণকলি কেশবতী মেয়ে,দেখি আর দেখি,
লুকিয়ে এসে কেবল কড়া নাড়ে,যখন আমি একা,
ওরই সাথে বলি না'হয় মনের দুটি গোপন কথা!
আমার অবকাশ,শেষের থেকেই হোক্ না শুরু।।

অসহায়

উন্ডুলে নই'তো,নেহাত ছা-পোষা জীব,
অবাক রোদ্দুর খেলা করে বুকের ভেতর,
এখন হাঁটি পাপ-পুণ্য মাথায় নিয়ে,
ছায়ার সঙ্গে এক সন্দিহান অসম লড়াই,
রাস্তা পার হই ট্রাফিকে--কখন সবুজ,কখন লাল,
বিপদ আছে বলেই কুকুর হইতে সাবধান।

মানুষের ভিতর মানুষ,মানুষ কতো একা!
স্বপ্নের শেষে জেগে ওঠে মায়াবিনী রাত--
মুছে দেয় ঘাম,কোরাল-চুম্বিত কার ডাক?
অশরীরী মায়ের ডাক,অসহায় ভাবে ডাকি 'মা' ডাক।।

আজকের দিনে

মাথার উপর ভীড় করেছে কালো দুশমন মেঘের,
ভূতসিদ্ধ পিশাচ পিশাচিরা লুঠেরাদের দেশ চালায়,
শাষণের বেনামে শোষণ,চুঁইয়ে চুঁইয়ে রক্তহীনতা,
সভ্যতার সঙ্কটে সংস্কৃতি,মানবতা আজ কারাবন্দি,
অতিদ্রুত শব্দহীন বিদায় নেব আমরা কেনা গোলাম,
পথে এবার ঘাসের মতো মানুষের মুষ্টিবদ্ধ হাত--
দুঃস্বপ্নের নাগরিক জ্বেলে নিয়েছে আগুন হাজারো চোখে,
সহস্র ক্রোশ পেরোতে হবে,শুকনো ডালে নতুন পাতা!!

স্বপ্নময়

আলোছায়া আর ছায়া-আলো মাখামাখি রুক্ষ ধূলিঝড়ে,
বদ্ধ বাতাস হলো দীর্ঘশ্বাস,আমার 'আমি 'র পাশে,
এলোমেলো ভাবনার আত্মকথন আয়নায় বারে বারে,
কবে যে হারিয়ে ফেলেছি আমার আমিকে বিন্দু বিন্দু ছায়াপথে,
তবু মানবের স্বপ্নময় অগনিত আশা,পেতে মানবীর ভালোবাসা,
তাই সাজিয়েছি পর্ণকুটীর ফুল-পল্লবে না-কবিতারপ্রেমে।

পদাবলী

জ্যোৎস্না আমার দুই চোখ খুলে রেখে দেখাল---
কাঁটাতারের পাশেই চামেলি,যেন মেমসাব,
পূরবী রাগের সুবাসে মুখর ওদের প্রেমালাপ,
পাহারায় মৃদুমন্দ বাতাস,স্বস্তির গভীর শ্বাস!
সালমা জরির পূর্ণিমা রাতে নিদ্রাহারা দুই চোখের
অলিগলিতে ভানুসিংহের পদাবলির হাজারো বাঁক!

ছড়াছবি

"ছিপ নিয়ে গেছে কোলা ব্যাঙে,
মাছ নিয়ে গেলো চিলে"
ছবি-ছড়া আজ হারিয়ে গেছে,
অনলাইন দখলদার কচি-কাঁচা মনে।

শিশুর মধ্যে থাকুক দুষ্টুমির মণিমুক্তো,
ওদের ইচ্ছেগুলো স্বাধীনভাবে ডানা মেলুক,
আদৌ মেকি মুখোশ পরিয়ে দিও না,
বাক্সবন্দি করো কঠিন নিয়মের বেড়াজাল,
লুটোপুটি করুক,ইচ্ছেগুলোকে স্বাধীনতা দাও,
ওকে বাঁচতে দাও,ওর নিজের মনের জগতে,
কেটে যাবে ভাবলেশহীন জবুথবু ভাব।
"আগডুম বাগডুম ঘোড়াডুম সাজে
তালে তালে ঢাক-ঢোল-কাঁসর বাজে।।"

কোলাজ

আমার কবিতা আসলে রঙ-বেরঙের কোলাজ করা ছবি,
বাগানের অবিশ্বাসী ভেজা গোলাপ, কাঁটায় মেশানো
প্রেমালাপ।মেঘবালিকা ডাকে--ও আমার চঞ্চল, আমিই
সুদূরের পিয়াসী,
তুমি আমার দেবদাস, তোমার অসম্পূর্ণ প্রেমের গ্রহণ
লাগুক,
একা চাঁদ পাড়া যায় না,কলঙ্ক জড়িয়ে ধরে সারা শরীরে,
চল আমরা পালাই শিশির ভেজা চাঁদের সাম্পানে চুপিচুপি,
সোনায় সোহাগা,ভরা কোটাল,পাগল হাওয়ায় ছন্দ বর্ণ
সুরভিত,
অজস্র নীহারিকা হাসে,ওরাই তো কবির অন্তরের
অন্তর্যামী!!

খেরোর খাতা

রোজদিনই প্রাতঃভ্রমণে মেদঝরানো বড়লৌকিক!
ভোরের আলোয় ফুটপাথে দেখি ছেঁড়া কাঁথায় খেলছে সুখ,
তিনটে ফুটফুটের,মা গেছে বাসন মাজতে,বাবা রিক্সা ঠেলতে
সকালেই দু-টাকা কিলো চালের ফেনাভাত "ডিজিটাল ইণ্ডিয়ায়"!!অস্তিত্বের আপ্রাণ মহাশক্তি নিজেরাই জয় করেছে,
অবজ্ঞার নজরে মহামারি করোনা দূরে কোথায় দূরে দূরে,ইমিউনিটি,ভ্যাকসিন,মাস্ক,ডিস্ট্যান্সিং বালাই ষাট,
আমার খেরোর-খাতা তোড়ে ভেসে গেল বানের জলেই।।

মৌতাত

খুশির মৌতাতে আলো সারা গায়ে মেখে,
অবুঝ পাখিরা গেয়ে যাবে সবুজের গান,
ওরা নতুন স্বপ্ন দেখে উড়ে যাবে ,
সবুজের বুক চিরে নীলাকাশ ছুঁয়ে,
মরুভূমিতে হাজির বৃক্ষরোপণ উৎসবে,
আবার বনাঞ্চলের আশায় দলিতের সাম্রাজ্যে,
শ্বাপদসঙ্কুল পশুপাখির মুক্তাঞ্চল আজীবন ধরে।

ফুরফুরে

দরাজবুকের ছাইমাখা পালকে ফুরফুরে চেতনায়
বিশ্বাসের চারণভূমি যখন অক্সিজেন জোগায়
মেঘের তুলিতে আমি তখনই রামধনু আঁকি।
বৈঠা বেয়ে নেহাতই পাড়ি দিতে হবে বহুদূরে,
একরাশ বৈরাগ্যের চুপ-নির্জন বালিয়াড়িতে,
একাকিনী রূপকথার নারীর শুধু একটি চুমুতে,
ভাসিয়ে দিক ভরা নদীর ভাবনা সরানো মীনদ্বীপে।

অসম

নিমি মাসি,আমারই সমবয়সী মামা বাড়ি পাড়ায়,
কৈশোরে খেলার সাথী,মরুবেলার শান্ত ঝর্ণাধারা,
সন্ধ্যার মনিমালা,আলো করে রেখেছিল আমার কালবেলা,
হঠাৎ সারা শরীরে রহস্যময় বিদ্যুৎ তরঙ্গ বয়ে গেল!
মাসির সে'কি অট্টহাসি,আমাকে সজোরে জাপটে ধরল,
আমি বিবশ,সোঁদা মাটির গন্ধে,কামিনী ধানের গন্ধে!!

গোধূলি

গোধূলি বেলায় বেশ ভীড় হয়েছে গঙ্গার ঘাটে,
বাগবাজারের ঘাট বেশ মনোরম,নানান রঙের মানুষ,
সূর্য সোনার থালার মতো,পশ্চিম লাল করে ফেলেছে,
বেশ ভালো লাগছিল, ধীরে ধীরে জল বাড়ছিল,
জোয়ারের গঙ্গাকে সন্ধ্যেতে,বিয়ের পিঁড়িতে লজ্জাবতী,
কী শান্তি!শিহরণ!অপূর্ব রোমাঞ্চ!ঠাণ্ডা জলেই মন
ভেজালাম।

উল্লাসে

কেউ একা নয়,সামান্য তো নয় এই সংসার,
উড়তে উড়তে তবুও বেঁচে আছে কপোত,কপোতি।

কত আলো,অথবা বাতাস কতটা স্নিগ্ধতা দিল
যত্নে সাজানো ফুলের বাগানে,চঞ্চল মৌমাছি
আমার সুখ ভরা   শিশির নাও,তোমার মধু দাও।
কুহু কুহু কোয়েলিয়া সুর দাও,আমার প্রেম নাও,
গভীর আবেগ নিয়ে আমার ঠোঁট ছুঁয়ে দাও,
ভালোবাসাকে ছায়াতলে আগলে রেখে মশাল জ্বালাই

যতদিন আছি পাই যেন শুধুই উল্লাস ভরা রব,
একবার ঘুরে আসি,আমার সুন্দর সেই শৈশব!!

স্বপ্নে দেখা

শূন্য আকাশের ঠিকানায় চিঠি লিখছি --
স্বপ্নে দেখা নারীটি ভেঙ্গে চৌচির কাকভোরে,
ভাঙ্গা চাঁদ পড়ে আছে সর্বাঙ্গে খিদের কামড়ে,
শিউলি-বকুল ম্লান হয়ে পড়েছে আমার উঠোনে,
ফিঙে পাখিটা রাতদিন শিষ্ দিয়েই ডেকে গেল,
ভোরের বারান্দাটা সূর্যের হালকা রোদেই ঝলমলে,
মৌসম হাওয়ায় ফুরফুরে মন মৌতাতেই ভরপুর,
দহন বেলার মাঝে নদীর বাতাস এসে ঘুরে গেছে,
বিরহের একান্ত তরলে ভেসে আমি আজ নির্বাক,
মন খরচের সীমানা পেরিয়ে আর কিছু ই ভাবছি না।

নিশানা মধুপুর

ফুটপাথের পাতা চা দোকানে তোমার সাথে চা খেতে খেতে,
সাত সমুদ্র তের নদী সমান অমৃত পান করবো।
আমার সত্য কল্পনা যতো,মিথ্যে বাস্তবতা ততো,
রূপকথার মত বদলে যাবে এই জীবন কালি দা--
পারি রোদ পোহাতে কাঞ্চনজঙ্ঘার শৃঙ্গে,
প্রেম যমুনা পার হয়ে উত্তাল বারমুডা ট্র্যাঙ্গেলে।
কেন যে দিশাহীন এক আশ্চর্য নেশার মায়ায় আমি?
আমায় প্রশ্ন করে নীল ধ্রুবতারা,আর কতদূর প্রেমের ঐ
মধুপুর!!

বড় একা লাগে

ঝরঝর ঝরিছে বারিধারা শুধুই কি কাব্যময়,
দক্ষিণের জানালায় মৌসুমী বরষার ছোঁয়া,
বিপন্ন বকুল ভালোবাসা ঢালে বেহাগে পরাগে,
তবুও কবিতা নামেনি আজও এই নিঃসঙ্গ জীবনে,
বসে আমি পথ চেয়ে স্বপ্ন আর বাস্তবের ছোঁয়ায়,
দেখি পাগলী বাতাস বয়ে যায় উদভ্রান্ত গতিতে!!

শূন্য এ'বুকে

শূন্য আকাশের ঠিকানায় চিঠি লিখছি --
স্বপ্নে দেখা নারীটি ভেঙ্গে চৌচির কাকভোরে,
ভাঙ্গা চাঁদ পড়ে আছে সর্বাঙ্গে খিদের কামড়ে,
শিউলি-বকুল ম্লান হয়ে পড়েছে আমার উঠোনে,
ফিঙে পাখিটা রাতদিন শিষ্ দিয়েই ডেকে গেল,
ভোরের বারান্দাটা সূর্যের হালকা রোদেই ঝলমলে,
মৌসম হাওয়ায় ফুরফুরে মন মৌতাতেই ভরপুর,
দহন বেলার মাঝে নদীর বাতাস এসে ঘুরে গেছে,
বিরহের একান্ত তরলে ভেসে আমি আজ নির্বাক,
মন খরচের সীমানা পেরিয়ে আর কিছুই ভাবছি না।

মেঘের ডাকে

দিন যায় আসে দিন
ভাবে মজে আছে মন
অনন্ত শূন্যতার পানে।

পথের বাঁকে গ্রাম্য বনে
মেঘবতী মৌ-ফল পাড়ে
খরো দপুরে,বর্ষা বহুদূরে।

পদ্ম পুকুরের আঘাটায়
মাঝে মাঝে এক মাছরাঙাঝ
তারই মাছের দিকে।

কোথাও পাদপ গাছের চারা
শুষ্ক চোখে বৃষ্টির প্রতীক্ষায়
মেঘমল্লার গভীর নির্জনতায়।

এখানেই প্রেমের ফানুস ওড়াবোআ
আরও কবিতা লিখবো
বর্ণপরিচয় থেকেই শুরু করবো
মেঘবতী ও মেঘমল্লারের প্রেমগাথা!!

মায়ার খেলা

ঘুনে ভরা সারা ঘর,ইঁদুর আরশোলার মুক্তাঞ্চল,
আমার বুকেও বাসা বেঁধেছে করোনার অনুজীব,
পথেঘাটে শ্যাওলা জমেছে অনেক,
ধুলোবালি জমে আছে আমার কার্নিসে,
দেশটাই মৃত্যু-উপত্যকা,বাতাসে লাশের গন্ধ!

অপূর্ণকে পূর্ণ করতে নীরবতা চলে গেছে
আমায় ডেকে নিরুদ্দেশে,করুণ গান গেয়ে
মায়ার খেলায়,ভেসে ভাঙ্গা চাঁদের ভেলায়!!

এমন দিনে

আজ সকাল থেকে শুরু হয়েছে একটানা বৃষ্টি--
কখনো ঝমঝমিয়ে,কখনো ইলশেগুঁড়ি,আবার থেমেও যাচ্ছে
বিকেল পাঁচটা বাজে,ডেকচেয়ারে গা এলিয়ে,হাতে চায়ের কাপ,
অলস চোখে দেখেছিলাম বৃষ্টির ধারাপাত, এলোমেলো বাতাসে,
বৃষ্টির জলকণায় আদ্র হয়ে উঠছিল মনের অলিগলি।

ভিজে বাতাস গায়ে জড়িয়ে, এক ঝলক সুবাস, ঝটকা মারে,
বাগানের ফুলগাছ,একটা জুঁইয়ের ঝাড়,একটা হাসনুহানা,
দুটো থোকা বেলফুল,আর গন্ধরাজ ফুল এসেছে ঝেঁপে।

কেতকীও রয়েছে স্মৃতিতে,এমনই একদিন অ্যাকাডেমিতে,
শ্যামলা সুন্দরী, পদ্মপাতায় শিশির বিন্দুর মতো চেহারায়
টলটল করতো লাবণ্য,লম্বা বিনুনি কোমর ছাপিয়ে নিতম্বে।

পুরানো প্রেম,হয়তো প্রেম ও নয়,এখন কেবল সুখস্মৃতি
আকাশে মেঘ জমতে শুরু করলেই,আমি বৃষ্টির প্রতীক্ষায় থাকি,
কখন কেতকী "ভাবের ঘরে অভাবে" ময়ূরীর মতো পেখম তুলে নাচে!!

পরিযায়ী

নিজস্ব চৌহুদ্দির ভিতর স্বপ্ন বুনে ফেরি করি,
প্রতিটি দিন হ্যাঙারে ঝুলিয়ে রাখি ফুটপাতে।

আবার নতুন করে দেশছাড়া করবে আচ্ছে দিনের সরকার
কবে যে যেতে হবে,কোথায়,কখন কিংবা কেনই বা ?
সবটাই গা-জোয়ার--আমাদের রিক্ত স্বপ্নের নিরন্তর মিছিল,
একেকটা রাস্তা,মোড় সারাক্ষণ ঘুরে ঘুরে ঘূর্ণিপথে।
তবুও যেতে হবে নাকি ভাগাড়ের মাঠের ঘেরাটোপে!

ঠিক কোনদিকে স্বার্থপর দৈত্যের কাচঘেরা আশ্চর্য বাগান?
ওদের তৈরি সংবিধান নাকি বড়ই কঠিন,বড্ড প্যাঁচালো,
আমরা ওদের গিনিপিগ, আমাদের দিশেহারা ছোটাছুটি,
সবটা জানার আগেই,ঝড় হোক,হোক অগ্ন্যুৎপাত,
ভূমিকম্প!!
অলৌকিক ঘুমে,রানি ডাকে এ'পারে,ও'পারে "নো-ম্যান'স
ল্যান্ডে"।।

সেই'তো আবার

তোমাকে খুঁজছি দখিনের গরাদ জানালায়,
নীল আলো জ্বলছে আকাশ ভরা তারাতে।
চোখ ঝাপসা হয়ে আসছে,চিনতে পারছি না,
নিজের ভিতর স্বপ্ন বুনে ফেরি করে বেড়াই।
পিয়ানোর সুরে দুঃখগুলো ভেঙ্গে বেরিয়ে আসে,
কোথায় আমার সুখের কড়ি,আমার কুসুমকলি।
উড়তে থাকে ব্যর্থ অন্বেষণ,মনস্তাপের কথাগুলি
জ্বলছে ধিকিধিকি তুষের মতন মনের কোনায়।

পাতাল সমুদ্রে সঁপে দিলাম,আমারই নিমাই সন্ন্যাস
জলপরি দর্শনে আবার রূপানন্দের প্রেম আনচান!!

ভুল সবই ভুল

রঙিন জীবন ভোঁকাট্টা ঘুড়ি হয়ে মিলিয়ে যায়, কোথাও
হয়তো মরুভূমি দেশে,সাগরে অরণ্যে বা পাহাড়ে।
সরষে ফুলের মাঠ জুড়ে,তুই শুধু তুই চোখের সামনে,
রাতের তারার সাথে লুকোচুরি খেলা হবে মেঘের
আবডালে,
সোনার বরনী কোনো এক কন্যা,পলক পড়ে না,
ভরা ঢেউ ছল ছল কালো নদীর জলে অনন্তকাল!

ঐ'তো রেলের লাইন হিজিবিজি, বিরাম নেই রাতে দিনে,
আমরা সওয়ার হবো,চলে যাবো,যেদিকে দু'চোখ যায়,
গরম পীচের পথে,বকুলের নরম গালিচা পেতে নেবো,
পথই পথ দেখাবে,আমার স্বপময় তরুণ জীবনে,
সে'তো ফুলের সন্ধানী,আমি তার বাগিচায় মালি,
সে আসবে বলে কথা দিয়েও আর এলোই না,
আকাশ ছোঁয়া স্বপ্নেরা সব আকাশের ঠিকানায়!!

বৃষ্টি তোমাকে দিলাম

গ্রীষ্মে অনেকদিন গোলাপের চারাটিতে জল পড়ে না আর,
উঠোনের কোনের ছায়াতে আমার হুলো আর মিনি দুটো,
ওপারে বুনোমেঘ,এপারে জমাট বাঁধা কৃষ্ণকলির
আনাগোনা,
ঠায় দাঁড়িয়ে আছি গানের ওপারে,অনেক ভুলভাল ভাবনা,
হামাগুড়ি দিতে দিতে সমস্ত আকাশ ছেয়ে বাদলের ধারা,
আমার কান্নাকে মুছিয়ে দিচ্ছে বৃষ্টি,ভেজা আদরে আদরে,
ফ্লাইং কিস্ ছুঁড়ে দিলাম এক পশলা বৃষ্টিকে হাসতে
হাসতে।
বৃষ্টি তুই থামিস না,আজ আমি সেরে ফেলেছি সব কাজ।
তুই আমাকে ভাসিয়ে নিয়ে চল খানা,খন্দ,খাল,বিল
সাগরে।।

আমায় থাকতে দে'না

একা আমি থাকি নিদ্রার কোলে।
কেন সবই সরে যায় দূরে,বহুদূরে?
জীবনের উজানে হেরে গিয়ে আজ
আমার সমস্ত গন্তব্যে লগ-ডাউন !

তবুও হেঁটে চলি,নিরবচ্ছিন্ন হাঁটা--
যদি সেই ক্ষণ আসে,রোদ ঝলমলে সূর্য,
শিশির ভেজা ঘাসে শিউলির আলাপন;
একটানা ডেকে চলা,সঙ্গিনী ডাহুকের ডাক!
শূণ্য বাতাসে আমার প্রেম--তোমার ভালোবাসা
মন থেকে মনে বয়ে চলে ধীরে এক নদী জল।।

দিশাহীন

এই নাও তোমার মুখোশ,ফিরিয়ে দিলাম তোমায়
মানুষের রক্তে হাত রাঙিয়ে,আর বাঁচতে চাই না।
রাত্রির আলো থেকে গলে গলে পড়ছে অন্ধকার।
নিহত গোলাপের ঘ্রাণ মিশছে আমার চেতনায়।
নিজেই ক্ষত-বিক্ষত,সর্ব্বাঙ্গে দাউ দাউ আগুন।
আমার সমস্ত গন্তব্যে আজ তালা ঝুলছে,দিশাহীন ।

নামাবলি

বেনিয়াদের গায়ে কুলীন-পুরুতের নামাবলিগীতা
ফাটকায় হাতবদল,ভালবাসাবাসি খারিজ নীলামে।
তেত্রিশ দেবতা ফলভোগী,লাখো চাষা মাশুল গুনে দেয়
গেরুয়া আলেয়া মোহে,আকাশে মিটমিটিয়ে লাল-নক্ষত্র!
মানুষের কবরের উপরেই তৈরি হচ্ছে হাজারো আটক-
খানা
রোহিঙ্গার দশাপ্রাপ্ত আসামের পরে এবার বাঙ্গলায়
একশ শয়তান মিলে কুলবধূদের বংশ নাশ করবে,
মাথাপিছু বিধবাদের থান কাপড় বন্টনের সময়!
এক খাদের দিকে ঠেলে নিয়ে যাচ্ছে তোমাকে আমাকে,
কবে আর অত্যাচার লাঞ্ছনার বিরুদ্ধে চিৎকার করবো
আমরা?

নেশার ঘোরে

এখানে অনন্ত গোধূলিতে নৃত্য শুধু
লাল আভায় উর্ধশির শিমূল পলাশ
মানুষ খুঁজছে প্রেম মানুষীর বুকে
এখানে মাদল বাঁশি ধামসার বোল
মহুয়ার বোতলে লেবেল--আমার দেশ
ওদের মন সাঁতরে দুরন্ত পাগলী ঝোরা
দূরের কোঁকরা পাহাড়ে কালোমেঘের ঘনঘটা
সময় হয়েছে শেষবারের মত তোল মদের গেলাস!

যেতে পারি

আমাকে যেতেই যদি হবে--
কুলুকুলু নদীকে বলি,একটি কবিতা দিতে পারো?
যখন আড়াল করে পথ চলি--
রাস্তায় জনহীন দীর্ঘ এক ফুটপাত,
যখন হাড়হীম শীতে জবুথবু-
পাখির আনাগোনা ছাদে কার্নিসে,
যখন বুকের ভেতর সাঁকো ভাঙে--
হৃদয় জুড়ে ঊর্ণাজালের হু হু এক বিষাদ-গীতি,
এখন আমি পরিত্যক্ত আহত সৈনিক --
হাতে আমার ঠোঁটে তাই শেষ সিগারেট!
আজ ঠগ-বেনিয়া ভুখা রেখে
আমাকে নাগরিক-জেলে!!

আজ আমার বসন্ত

ফাগুনকে আমি ছুঁতে পারিনি
আগুনের ভয়ে--গনগনে চিতা!
তবুও ফাগুন চেয়েছে রাধার চূড়া
কৃষ্ণচূড়ার কাছে,নিঃসঙ্গ বাতাসে।

মায়াবী স্বপ্নেরঘোর রক্তদান শিবিরে
রাঙা-পলাশ খসেপড়ে লালগড়ে
আগুন মনের আহ্লাদে লহরী লহরে
বাঁকাচাঁদ,মদিরার বুঁদ-বুঁদ নেশায়।

আকাশে খোদাই'করা বাবলা কাঁটালাল
চেলি জড়ানো শিমূল আর

এলোচুলে আম-মুকুলের প্রেম
নদীতে হারিয়ে হারাতে চায় দূরে
বহুদূরে...
বোষ্টম-বোষ্টমী খোল-খঞ্জনী বাজিয়ে--
নাচুয়া মাতুয়া ফাগুয়া হোলিতে রঙ্গিয়ে।
ফুল ফুটুক বা না'ফুটুক জংলী ঘাস পাতাতেচৈতেই হোক
সর্বনাশ,
কূহক-ডাকা রাতেতে।।

অশোক চক্র

অশোক চক্র তার গতি
হারিয়ে ফেলেছে।

জীর্ণ দীর্ণ তেরঙ্গা পতাকা
মাটিতে লুটোচ্ছে।

কোথাও আলোর দেখা নেই
সব নিভে আসছে।

পথের আঁকে বাঁকে ধোঁয়াশা
কালিমা লেপেছে।

মগজে গ্লানির মেঘ
আনাগোনা করছে।

ভস্মলোচন বিবেকের চোখ
খুবলে নিচ্ছে।

নিথর জড় শরীরটা শকুন
গিলে খাচ্ছে।

তাই একা বুঝে নিতে চাই
একি আমার যন্ত্রণার উৎসভূমি;

না এক মৃত্যু উপত্যকা,
যা আমার স্বদেশভূমি নয়?

ধূম্রজালে ঘেরা ধূমাবতীকে
মুক্ত করি শয়তানের নাগপাশ থেকে,

সুদর্শন চক্র দিয়ে ছিন্ন করে
বসন্তের বজ্র নির্ঘোষে !!!

মেহেদী

আমার প্রিয়ার প্রত্যেকটা পাপড়ি,পরাগগন্ধ
আর রঙ গোলাপি সাদা বা কিছু নীল
আমি খুলে দেখতে চাই পরতে পরতে,
মেহমান পাখীকে এক আরব্য রজনীতে।
আমার স্নায়ু স্পন্দিত ব্যাবিলনের শূণ্য উদ্যানে
তোমার সাথে মিশে গেছে ললিত হাওয়ায়
ফেলে দিয়ে রঙিন মিথ্যে সব বেশভূষা
পরীর সুখ সুর ফুল মুখর বুনেছি ঢলে ঢলে!

কুরুক্ষেত্রে

মল্লিকাবনে অনেক নখের আঁচড় লেগেছে,
শান্তিনিকেতনে গীতাঞ্জলি নয়,জীবন লুণ্ঠিত
তাই কবিগুরু বেহালা হাতে ঝুল-বারান্দায়
একা একা ভিক্ষুকের মতোই ছিরিছাটহীন।

কেহ কেহ মমি,যেন নাগরিক চাঁদের কলঙ্ক
প্রকৃতির জরায়ুতে কীলবিল করছে মৃত্যকীট
সময়ের দাঁতে ছিন্নভিন্ন যেন গীতার দর্শন
স্বজনহীন,বন্ধুহীন,অরক্ষিত ধ্বংসলীলায়!!

রোমান্টিক

যদি আমি চোখে চোখ রাখি,
মৃদু হেসে তাকাবে কি তুমি?
পৃথিবী এখন রোমান্সে ভরপুর,
এই অবেলাতেও অচকিতে ঢেউ জাগে,
বুকের গভীরের ঢেউ আজ উত্তাল।
তুমি নিয়ে চলো লোকোত্তরে
তোমাকে, বন্ধু লোকায়তে বাঁধি।
আমি জানি এই প্রেমের দায়ভাগে,
আমরা দুজনেই হব সমান অংশীদার।।

লেগেছে লেগেছে আগুন

আগুন, তুমি অনেক পুড়িয়েছ,
ওলো সুন্দরী,
তোর রূপের আগুনে এমনি পুড়েছি,
জীবন জুড়ে পুড়েছি,জ্বলেছি।
তোর ভালোবাসায় মন পুড়ে ছাই,
এখন চিতার আগুনে শরীর পুড়ছে।
ভালোবাসা শুধু পুড়ায় না,
নিজেও পোড়ে,নিজেরই আগুনে,
প্রেমের পারদ পুড়ে আজ পাথর!!

কালীদা

হৃদয় ভেসে যায় ঢেউয়ে,
বছর যায়,বছর আসে,
আলোতে অন্ধকারে জীবন
এবড়োখেবড়ো রঙে২০২০!

পেটভরানোর আজব লড়াই,
টিকে থাকার সেই কুরুক্ষেত্রে
পেন্ডুলামের ছন্দে দুলতে থাকে
অভিমন্যু,সপ্তরথীর চক্রব্যুহে।।

জঙ্গল

আমার ওপর অন্ধকার ঝাঁপিয়ে পড়েছে
শব্দের মিছিলে আমার দু-চোখ বুঁদ
আমার গলায় বসেছে জঙ্গলের নখ
হাজার হাজার লাগ্ ভেল্কি লাগ লাগ
আমি ডুবছি চোরা টানে,গহর জান,
আমার ভালোবাসার নীলপদ্ম বিষে নীল!

রন্ধ্রে রন্ধ্রে শনির বাস, মস্তিষ্ক-হৃদয় কুপোকাত,
আমার লড়াই শূন্যতার বিরুদ্ধে,আমিই ভূমিসাৎ!!

সবিতৃ দেব

ঘুম ভাঙে ভোরের আলোয়
সকালের ঝলমলে সূর্য্য

শিশির ভেজা দূর্বাঘাস
হেঁটে চলি একটানা আধঘন্টা।

মন্দিরেও বাজছে শঙ্খ-কাঁসর-ঘন্টা,
মসজিদে আজানের সুর লা-ইলাহা।

জম্পেস্ আড্ডা চা-ওয়ালার চায়ের দোকানে,
মন্দির ভেঙ্গে বাবরি না বাবরি ভেঙ্গেই মন্দির!

আমার তুমি আছো

কিছুক্ষণ রবীন্দ্রগানে ভিজতে ভিজতে
বাধাহীন আমার একান্ত নিঃস্ব অপলাপ।

শরতের পেঁজা মেঘ হয়ে ভাসতে ভাসতে
নিজের অস্তিত্বটাই হারিয়ে ফেললাম।
ফেনিল ঢেউয়ের মতো আছড়ে পড়লাম
বারবার দুঃখে আকুল,আনন্দে উথাল।
এবার ভেতরের জগৎটাকে দেখতে দেখতে
বাইরের দরজাটা হাট করে খুলে দিলাম।

এমন কিছু ঘটতে পারে যাতে আর কিছু না
হলেও হয়তো ভরেই যাবে জীবনের শূন্যতা।

কৌতূহলী

তোমার মনের কাছে খবর পাঠালাম
তোমার মনের রঙ কি?
ঝরঝরে হালকা গুলমোহরের হলুদ
মেহেদির গজলের আল্ট্রামেরিন ব্লু
রবি শংকরের সে'তারের ভিরিডিয়ান গ্রীন
আখতারী বাঈয়ের তান বিস্তারের গোলাপি
কালার টিউব টিপে টিপে দগদগে সব রঙ
হাতে ব্রাশ নিয়ে ক্যানভাসে শুধু তোমারই--
রেখার গতি,ছন্দে ভঙ্গিমায় মোনালিসার হাসি!

যেতে যেতে

কোথায় থাকো সারাদিন?
কি যে ভাবো আপনমনে?
নির্যাসে গন্ধ হয়ে ভাসছিলাম,
নিজেই নিজের কাছে রহস্যময়।
অল্প ধুলোয় মাখামাখি পড়ন্ত বিকেলে
অনুক্ত আকাঙ্খা দিগন্ত বিস্তৃত বিস্ময়!
খড়ের আঁটি নৌকা বাওয়া সহজতায়
আমার যাত্রা সহজিয়া লালনের গানে
পাখি হয়ে উড়ি লালরঙা আকাশেই,
তোমার খেলার বাঁধন-হারা সাথী হয়ে।

প্রত্যূষ

তোমাকে খুঁজছি শরীরে
তোমাকে খুঁজছি স্বপনে

গাছেতে সবুজ পাতারাও আছে
ডালে ডালে থোকা লালফুল গাছে

সবুজ মনেতে যদিও বহে লালরক্ত তোমার
অবুঝ স্বপনে লালসূর্য্য উঠবে শুধুই আমার।।

এবং ঋতুপর্ণ

দুই ভুবনের ক্রুসেডার--
পুরুষের কাঠিন্যে নয়
নারীত্বের কোমল মোহময়ী
নিজের চলার সড়কে
একাকী দাম্ভিক তাচ্ছিল্যে
উষ্ণতার চাদর জড়িয়ে
ময়ূর শরীরে ময়ূরী নাচে
ঋতুরঙ্গে রাঙ্গা শ্রীরাধিকা
সেলুলয়ডে আঁটা চিত্রাঙ্গদা।

ফালাফালা কালচে মেঘে
সারি সারি ছায়া ফেলে
অবগুন্ঠিত ঘাসের আবছায়ায়
লুকিয়ে ফেলে বীর্য-নিরোধক,
প্রজ্ঞামনের পিছনে চুপিসাড়ে
দুর্বোধ্য ঘন আঁধার সরিয়ে
টেনে হিঁচড়ে তছনছ করে
বিকৃত রিপুর বোঁটকা গন্ধ
প্রতিদিন ছেঁড়া ছেঁড়া ম্যাগাজিনে
দোষর- দোহন থেরাপি হরমোনে!

মায়াবী স্বপ্নের অন্তর-আলে
ধারালো মৃত্যুর চির ঘুমে
আচমকা শব,অ্যাকশন কাট
নিঃসঙ্গ তবুও রবীন্দ্রনাথ।।

ভবিষ্যৎ

বেঁচে আমি! শয়তানের মুচকি হাসি।
আমি আরও কবিতা লিখবো,
আমি আরও গান গাইবো,
আমি আরও মুক্তি চাইবো।

বেঁচে আমি,পাশে তুমি,একগাদা পুষ্যি।
মহাভারত জরাজীর্ণ,ভেঙ্গে চুরমার
সালুবাঁধা পুঁথি,কবেকার পূরাণকথা
মরা বই-পাঁজি জড়ো করা গাদা গাদা!

আছে শুধু পোষা হ্যামলিনের ইঁদুর,
বেঁচে ভূত,অথবা চলমান কঙ্কাল।।

করোনা

শেষ পর্যন্ত ঘোরের মধ্যে নিজের কাছে
ফিরে এলাম জীবন যুদ্ধক্ষেত্র থেকে পালিয়ে,
ঢুকে যাচ্ছি মাতৃগর্ভের ভেতর ভ্রূণের মতো,
মাথা নামিয়ে হাঁটুর ভেতর কুণ্ডলী পাকিয়ে
সামনে অস্বচ্ছতা,অন্ধকার ছানা কাটা
চোরাগোপ্তা নষ্ট আলোর ছাঁট,আইসোলেটেড
শিশিরের মত থস থস ঝরে পড়ে সপ্তঋষি
বেঁকিয়ে চুরিয়ে বেঁচে,ঠাণ্ডা করোনাভাইরাসী।

ভূতুড়েকাণ্ড বাঁশঝাড়ের কাছাকাছি চলে আসি
আরও আড়াল করার তোড়জোড় চলছে
শেয়ালের ক্যা-হুয়া,পচা নালার গন্ধ,
ওরা চেঁচায়ে বলে,ভেগে যাও,পালাও
ওরাই মামদো-ভূত,বাজার ওদেরই দখলে
এটা কোরোনা,ওটা কোরোনা--এটাই "করোনা"।

অন্ধকার কুড়িয়ে নিয়ে আমি উধাওয়ের পথে!!

সফদর জং

জানালার জং ধরা গারদে মুখ চেপে
তোমাকে মনে হয় একটা নির্ঝরের স্বপ্নভঙ্গ,
কবরের মাঠের কোণে লাল কৃষ্ণচূড়া!

পড়ন্ত ফাল্গুনে আগুন লাগানো শেষ বিকেলে
আমি ঝাঁপ দিয়েছি মাতলা নদীতে।
জল ছুঁয়েছে পা,
জল ছুঁয়েছে কোমর,
জল ছুঁয়েছে মাথা
অ-শান্তি লিখছে আমারই জীবন-গাঁথা,
তুমি বলছো গভীরে যাও,আরো গভীরে।।

অনুলেখা

আজ রোদ উঠুক,বৃষ্টি পড়ুক,
কিংবা ঝড়,বা ভূমিকম্প
তাতে কি আসে যায়
তুই হাত ধরলেই চলে যাবো
যে দিকে দু'চোখ চায়...

আজকেই প্রথম শুনলাম
কোকিলের কুহু কুহু ডাক!

ফুল ফুটুক,বানা ফুটুক
আজ বেলাশেষের বসন্ত।।

তাজাফুল

ঘোর নিশুতি রাত,আকাশে চাঁদ
খিলখিল করে হাসছে,ভরা কোটাল।
মাজা মাজা রঙ,চটকদার রাধার নামে,
তৃষ্ণানদীর জলে প্রেমহংসী ভেসেচলে।

কৃষ্ণচূড়ায় ফুল ফুটেছে,গুচ্ছ গুচ্ছ রক্তলাল,
প্রতীক্ষাতে আছি আমি কালের পরে মহাকাল।
সেই রাতেতেই সর্বনাশি উন্মাদিনী বাঁধলো আমায়,
আমার দেখায় ভুল ছিল, সে এক তাজা ফুল ছিল।

স্বপ্ন দেখে মন

মাঝে মাঝে স্বপ্ন দেখি
যখন সত্যিটা হয় মেকি,
আলোতে হাসিতে অভিমানে
ভাষায় কবিতার কুসুমরাশি।
হৃদ-আকাশে মেঘের আড়ালে
পাখির গানেই সুর বেঁধে নিই,
ভোরের আকাশে সূর্য্য আলোয়
কবিতা দিয়েই আঁকি সেই ছবি।

তোমার সঙ্গী

আমি নতুন ভ্রাম্যমান,
আমার দুচোখে অধীর টান।

চতুর-ষাট্ আশ্লেষে
যেন মহাপারাবার;
তাই নাগরিক,তুমি

আমাকে ভেঙে নাও
আরবার বারবার।

আউলআমি,বাউলআমি
বাজাই বাঁশি সদাএকতারা
ঘাস মাটি জল গাছ পাখি
আমার জীবন আমার প্রাণনা
দিন খাই রাত ছিঁড়ি বৃষ্টিতে ভিজি--
খোল-খঞ্জনী আমাকে সঙ্গে নাও যদি!

ছেড়ে দিতে

মেঠো স্টেশনের লাগোয়া ঘর--
ঝমঝম করে ট্রেণ আসে যায় দিনভর
মনের মধ্যে একটা শালিক,দুঃখ কি'সে?
কোনো ক্ষোভ নেই,যাবো বলে যাওয়া হয়নি!

রান্নাঘর থেকে মুখ বাড়ালেই ঘনা-পুকুর,
দাওয়ায় বসে গরম চায়ে চুমুক দিই,
কয়েকটা মুড়ি এ-ধার ও-ধার খেলে বেড়ায়
ঘমগন্ধ, মিশে যায় ঝরে পড়া শিউলি গন্ধ,
বটের চারা এ'ফোঁড় ও'ফোঁড় ভাঙা দেওয়াল
চোখে পুরু চশমার কাঁচ,খোঁচা খোঁচা দাড়ি
হেলা- ফেলা করে আর কতদূর যেতে পারি আমি?

যদি পারো

তুমি কি তেমন করে চেয়েছিলে?

যেমন করে গাইছে আকাশ
অন্তহীনা ঝোড়ো হাওয়ায়!

কালো-ভ্রমর গুনগুনালে,
পদ্মকুঁড়ি পাপড়ি মেলে।

সোনারোদের সাগর জলে
মাছগুলো সব খেলা করে।

ঢেউগুলো তবুও আছড়ে পড়ে
নদীর পাড় টা ভাঙবে বলে।

চাঁদ জড়ায় গনগনে সূর্য্যটাকে
গ্রহণ ভেবেই অমবস্যা-পূন্নিমাতে।

কল্লোলিনী কলকলিয়ে গগর্ভাধান
পৌরুষেরই জায়স্ব সাগর - সঙ্গমে।

ঝবেলার ঐ'অন্ধকারে জোনাক
জ্বলে ফসফোরাসের গানে গানে।

কাঁটা তারের বেড়া

বেশ লম্বা রিংটোন ক্রীং ক্রীং টেলিফোনে
দূরের শহরে,কাঁটাতারের বেড়া পেরিয়ে
শব্দ কানের ভেতর দিয়ে মনের গভীরে
স্মৃতিকে টোকা দিয়ে শুকনো পাতা ঝরে
মন থেকে চোখে,চোখ থেকে হাতে
হাতে হাত ধরা কন্টি পেন্সিলে কবিতা
পুরাণো আবেগ কৌতূহল ভাবনা মিশিয়ে
কথার গড়ন অক্ষরে বর্ণমালার ক্যানভাসে।।
তুমি ধরা দিলে সুমধুর ভাষে কালের নিশানে,
মেহেদী হাসানের গজল হলুদ গুলমোহরে,
ভাটিয়ালি গানের হিল্লোলে,মাঝি বাইয়া যাওরে
উথালি-পাথালি দরিয়ায় উর্মিমালার আভাষে

প্রহরে

অভিমানিনীর মন বুঝিনি
ধীর যেন ঢেউ ঐ'তটিনীর
আমার উমার দুই আঁখি নীর
শহরে আজ কেন আলো নেই
তোমার দেখার ভুল ছিল তাই।

গাছের গোপন আলো-আঁধারে,
উন্মাদ-সম বাঁধি সাতপাঁকে;
ভরাট পুকুর জল থৈ থৈ,
জকে চল,জল কে চল,
যত বলি যাই,তত তোকে পাই--

অতল তল

একা একটা নিঃসঙ্গ ভাবনা,
একা একা একদিন প্রতিদিন।

সুখের ঘরে অসুখ জেনেও
সদাই থাকি লাগাম জুড়ে।

সুখ চাইতেই অসুখে তাই
ভুগছি সারা জীবন ধরে।

বুনো-হাঁস কি আকাশ-নীলে
বাঁধতে পারে মনের ঘর!

ইচ্ছে হলেই মেঘপাখী কি
ধরতে পারে পূর্ণিমা-চাঁদ।

ঝাঁঝরা-মনে হায়রে জাতকের হাল
বেয়ে চলে নাও,উড়িয়ে ছেঁড়াপাল।।

তিতাস একটি নদীর নাম

নষ্ট ঘুম ফেলে আকাশ দেখছি জানালায়
খেলা করে যেন আজও চিরবাল্যকাল
সবুজ ঝাউবন মাঝে সাদা কাশফুল
চারপাশে বড় বড় অশোক-মেহগিনি
পূবের আকাশে আগমনীর আয়োজন
সবে ভোরের আলো ঢুকছে নদীতে
বোঝা যাচ্ছে চোখে তিতাস বইছে
উথাল-পাথাল জলের ঢেউ তো ভাঙছে
তালে তালে মধুমাঝির নৌকাটাও দুলছে
অনাদি অনন্ত অপেক্ষায় অপেক্ষায় আমি
দেখি মায়াবতী মেঘ,এসে দাঁড়ালো কোশিকী!

ফলেই পরিচয়

গাছতলায় খেলতে খেলতে
ভালবাসা মাটি মেখে
নগ্নপদ দায়হীন এক জীমূত!
শিশু মনে হয়তো আমি,'কিম্ভূত'।

শিকড়ে অনড়-গাছ খুশিতে
বলে,'আমি তোমার খেলাঘর',
এসো,'আমি তোমার আশ্রয়',
'আমি তোমার আড়াল',
অঙ্গচ্ছেদ করলেই,'আমি সমিধ'।

শীতার্ত শিশুকে গাছ কেঁদে বলে,
আমাকে ভাঙ্গো জ্বালাও,'আমি অরনি'।
ঝড়ে জলে রৌদ্রে শিশিরে
আমি প্রাজ্ঞ,বোধি,সর্বংসহা
শুধু দিতে পারি,কভু নিতে নয়।

তবু জানি আমিই সাজাবো
আমার চিতা।।

থাক না

ভেতরে ভেতরে হেরে যাবার আগে আমি
মিথ্যে কাচের-আরশি হয়ে হাত বাড়াই।
আকাশে চাঁদও ঔদার্য্যে ঝলমল করছিল আর
তখনই গ্রহণের মেঘ তাকে আড়ালে নিয়ে গেল।
আমি মুখ ফিরিয়ে বুঝলাম তুমি,তুমিও
খানিক তফাতে সরেছ--গোপন পরম্পরায়।
আমি এমন কিছু গোপনীয়তা ফেলে যাচ্ছিনা তো
আমরা সমস্ত ভাঙাচোরা ভঙ্গিমা,রেখাময় ক্ষত।।

নির্ভয়া

উদাসী তুলিতে নবান্নের ধান গোলায়,
ভূঁইয়ে লক্ষ্মী-পায়ের আলপনা।
মূক-বধির শোষিতা-ধর্ষিতা বিবাগিনী,
শোনিত-স্রাবে পটে আঁকা এক নারী।
অর্দ্ধ-উলঙ্গ মডেল,বাহারে বাহারি

খোলা হাওয়ায় উদম পণ্যের পসারি।
পুঙ্গবের কামনায় কুলুকুলু বীয়াস নদী--
সুখ পেতে নয়,শুধুই সুখ দিতে;
বারে বারে,আঘাতে আঘাতে,ভাঙ্গতে ভাঙ্গতে
গড়ে তোলে মানবী-সভ্যতা।
শহীদ মিনারে।।

এক থেকে দুই

আমি থাকি প্রিয়তমা নারীটির কূলে
সূর্যোদয়ের ভোরে কবিতার অণূপ্রাসে।

সাঁঝবেলায় সেতারের মীড়,ঝঙ্কারে--
অনুভবে ডুব ডুব আমার মন ডুব-সাগরে।

মিলেমিশে একাকার একতান একলয়
রাত গড়ায় ভোর হয় ছাড়িতে পরাণ নাহি চায়।

সে'তো এক উথালী-পাতালি সমুদ্দের ঢেউ
বাঁচার স্বপ্ন নিয়ে আরও অনেক অনেক চাই।

তার শরীরে ডুব দিয়ে তুলে আনি
প্রবালদ্বীপ,লোনাজল আর মুক্তোমনি।

নীল নীলআকাশে সাগরে লাল লালযৌবন
ডানা ঝাপটে সসীমে উড়ে যেতে চায় মন।।

অনন্ত গগনে

অন্ধকার থাকতে থাকতে ঘুম ভেঙে যায়,
বিষন্ন মন যেন একাকীত্বের জন্ম দেয়--
স্বপ্নময় আকাশ চিরে উড়ে এসে বসে
হারিয়ে যাওয়া একটা হলুদ পাখি
ক্ষত আর ক্ষতি মিলে সে বড্ড অসহায়!

নৈঃশব্দ চিরে কে যেন দরজায় কড়া নাড়ছে,
আর সব জন্তু হাঁক দেয়,আমি নাকি বড্ড বেয়াড়া;
আলপথ মাড়িয়ে হেঁটেই যেতে পারি ঐ'অচিনপুরে।

টার্মিনাসে

ভাঁটার টানে,জোয়ার সাঙ্গ করে
ভাসান, তুমি জাগাও সাঁঝের বেলা।
বাঁধ ভাঙে প্রেম,অনুভূতির পলে
পাল্টে যাক'না তোমার আমার ভাষা।

রুক্ষ-খরা ঝাঁঝরা হওয়া মনে--
ফল্গুধারায় আমরা বাড়াই স্রোত।
আবার ফোটাই বিকেল-ভোরের ফুল,
শেষ পারাণির মিঠে বাতাস পেয়ে।

তাই ভালোবাসা প্রেমের বাহুডোর,
জোড়া-মনের জীবনমুখী গান।
আকাশ-নীলে স্তব্ধ শতদলে,
মেঘেঢাকা সাতরঙা রামধনু।

নদীর তীরে পর পারের-ই খেয়া
অতলগামি খাদ রয়েছে সোজা
ঝড়ের খেয়ার ঝাপসা টার্মিনাসে
যেতে পারলেও যাবো না'তো এখন।।

চির বসন্ত

ফাগুনকে দোঁহে ছুঁয়েছো,দোঁহারে
গোলাপের কাঁটাকেও ভয় পাওনি
তাইতো ফাগুন চেয়েছে রাধার চূড়া
কৃষ্ণচূড়ার কাছে,নিঃসঙ্গ বাতাসে।

মায়াবী স্বপ্নেরঘোর,জীবন সংগ্রামে
রক্তরাঙা - পলাশ খসে পড়ে লালগড়ে,
আগুন মনের আহ্লাদে লহরী লহরে
বাঁকাচাঁদ, মদিরার বুঁদ-বুঁদ নেশায়।

আকাশে খোদাই'করা বাবলা কাঁটা
লাল চেলি জড়ানো শিমূল আর
এলোচুলে আম-মুকুলের প্রেম
নদীতে হারিয়ে হারাতে চায় দূরে
বহুদূরে!
বোষ্টম-বোষ্টমী খোল-খঞ্জনী বাজিয়ে--
নাচুয়া মাতুয়া ফাগুয়া হোলিতে রঙ্গিয়ে।

ফুল ফুটুক বা না'ফুটুক জংলী ঘাস পাতাতে
আজই হোক নষ্টচাঁদ,কূহক-ডাকা রাতেতে।।

বক্ষ জুড়ে

বৃষ্টিটা এখনও পড়ছে ঝমঝমিয়ে,
বাজও পড়ছে ঘন ঘন,অপার তৃষ্ণায়
স্বপন দেখি সেই ধান খেত গহীন গাঙে

থালার মতন ঝলমলিয়ে আস্ত এক চাঁদ,
তারপর চাঁদপরীরা আর,আমি দুখীরাম
জীবন থেকে ছুটী নিয়ে অস্থির কাতর
হাজার ঢেউ ওঠে,ভিজে যায় বিছানা
তুমিই ' তো বৃষ্টি হয়ে এইমাত্র এসেছিলে
তবু আসো নাই,ক্যানভাসে জানায়ে গেলে।

ওই এল বরষা

রূপনারাণে জোয়ারের কাদাজল
উঠে আসে উঠোনে প্রতি পূর্ণিমায়।
ইটের ভাঁটার ওদিকে আমগাছ
কদিন হল দুটো কোকিল এসেছে।
নারকেল গাছটাও পুরাণো আমার লাগানো
বাবুইটা নতুন বাসার মুখ পশ্চিমেই করেছে।
দক্ষিণে নদীর হাওয়া
উত্তরে ভাঁটার কালো ধোঁওয়া।
বাগানে ফল-মূল-ফুল
আম জাম কাঁঠাল সজনেও
চাঁপা-গোলাপ জবা-টগর
তাল সুপুরি সারি সারি।
স্বাগত পশ্চিমের বর্ষা এবার
কৃষ্ণ নামেই প্রণাম জানাই।
ঘন মেঘ গুমরাচ্ছিল আকাশে
মাঝে মাঝেই অ-থির বিজলি
কালো চুলেই মেঘের ঝিলিক
কৃষ্ণকলি আমি তারেই বলি!!

পরগাছা

শিকড় হীন বুনোগাছ
এখন গাছ অর্কিড চেনা বড় দায়।
রাত নেই,গন্ধ নেই, বর্ণ নেই
কঙ্কাল সার চেহারা।
দুঃখে ভরা এই জীবন
ছেড়েছি তোমার হাতেই।

শুকনো গাছের পাতা
ঝরে পড়ে ফাগুনের আশায়।
চাঁদের জোছনায় আজও
কলঙ্কের মুখ ঢেকে রাখি।
দিশেহারা মতকে দেখে পথও হাসে
পরগাছাই জেতে,এটাই দুঃসময়।
ওরা তুড়ি মেরে উড়িয়ে দেয়
নীতিমালা খেলার ছলেই।।

দেবী নহে

হিমঘর থেকে সদ্য বেরুনো কুসুমকলি,
ঠাম্মার কোলে জ্বলজ্বলে রূপকথার রাজকুমারী
স্বপ্নমঙ্গলের নিঃশব্দ পাড়ায়,নিজের অজান্তেই
অপরূপা আদরিনী সাংসারিকা বিদূষী এক নারী।

মনের জানালা খুলে রেখে বাইরের জগতে,
প্রেমে-অপ্রেমে-চপলমতি-দৃঢ়চেতা-সুচেতনা
হৃৎপিণ্ড ছুঁতে চায় আকাশে,ছোট্ট স্বর্গের বুকে
সারা জীবনের শামুকীয় সুখ,চায়নি মান্যবী-যন্ত্রে।

এবার ভেতরের জগৎ-এর জানালাটা খুলে দেখে
দৃশ্যহীনতার সাথে সাথ এক রাশ-ভরা-দৃশ্য--
থানের পাশে ভরাট পুকুর জল থৈ থৈ,মানুষ;
হিঁদুর দেবী ঠোঁট ঘষছে রসুলপীরের ঠোঁটে!!

নদী-ই নারী

জোয়ারের কাদা জল উঠে আসে পূর্ণিমায়
তারা-ভরা আকাশ,মেঘ ভেসে ভেসে আসে,
রূপনারাণ উথাল-পাথাল,ঢেউয়ে পাড় ভাঙ্গে
মাঝে চর,মনা-জালির নৌকা বাঁধা আছে ঘাটে
এপাশে - ওপাশে পাট ক্ষেত,ধানক্ষেত,বট-অশত্থ।

কাহার ডাগর দেহ খান লকলকে কলমিলতা সম--
টলটলে জলে যেন পানকৌড়ি,ভাসে-ডোবে অমৃতা,
ডালিম ফুলের মতো বুক,দোলে দোদুল স্বাভিরাম।।

অনুরোধে

বাবার মুখে বলিরেখা,
কি'যে রোগ বুঝতে পারিনা।
লোডশেডিংয়ে চাঁদের আলোর
অতল মায়ায়,মোহময়ী আমার মা
রাস্তায়, নেড়ি-কুকুর সার সার,
চেনা আমার মা,তবুও অচেনা,
দেহে মন ছেড়েই শান্তি পায়,
আমি দুঃস্বপ্নে আঁতকে উঠি।
তবু চেনা বাসে,চেনা রুটেই
পৌঁছে যাবো ভবিষ্যতের পথে।।

কুসুমকলি

ভো-কাট্টা ছেঁড়া ঘুড়ি তারের সাথে জড়াজড়ি,
নাছোড়বান্দা জ্বালছে আগুন ফিনিক্স-পাখি;
তাপের মধ্যে মাথা খুঁড়ে কি খুঁজছে দুখুহরণ,
সুখের ঐ'নৌকো চেপে ভেসে চলে কুসুমকলি।

কখন যে'কি ঘটতে পারে,কেউ কি তা জানে,
হলেই হয়তো ভরেই যাবে ,এই জীবনের মানে,
জীবন যখন বাঁধভাঙ্গা চমৎকারির 'এনজয়মেন্ট'।
তাই আমি একা হেঁটে যাবো,'স্মৃতি যখন সুখের'।।

ক্ষৎ

আপনাকে নিয়েই ব্যস্ত দিনেরাতে,
ঘরে ঘরে শুধুই রুদালীর রোদন;
আমার চোখ ঝাপসা হয়ে আসছে,
ওদের আর আদৌ চিনতে পারছি না।

অনিশ্চিত ভবিষ্যতের অনেকটা অকিঞ্চিৎ,
হয়তো হঠাৎ কোন একদিন কদাচিৎ;
অস্থির কাতর গোঁ-গোয়ানি আমার চারিদিকে,
চাঁদ-পাহাড়ে লিখে রাখি দু-খের কথা মনস্তাপে।।

শারদীয়া

দুর্গা নাম নিয়ে
তৃষ্ণার্ত আমি হেঁটে চলি
হব নিত্যানন্দের অঙ্গীভূত
সকালের ঝলমলে সূর্য্যে
শিশিরভেজা দুর্বাঘাসে
খেতভরা কচি-ধানগাছে।

নীলকন্ঠ-পাখি ডেকে বলে
তুমি সুখ,তুমিই আনন্দময়ী
তুমি আলো,শান্তির কপোতী
দুর্গতিনাশিনী

রক্তিম নীল

মাথার উপর থেকে হঠাৎ সরে গেল
ছোপছাপ রঙীন আমার ছাতা।
রোদজল ঝড়বৃষ্টি আড়াআড়ি রবি,
তিনিই সুনীল,আমার প্রিয় কাকাবাবু।
আর নীরাই আমার,আমার কাকীমা।

তিনিই আমার প্রাণনা,বোধের দূরবীন
পায়ের তলাতে সরষে সরসে পিষে,
দরজা-জানালা হাট করে তরতাজা-বাউণ্ডুলে,
মুখ গুঁজে ছোটো মাসির বুকের ভেতর

বোতামহীন ছেঁড়াশার্ট-A অসিদ্ধ এক বালক
পতাকার মতো উড়ায় মনুমেন্ট যেন
আর্ত যৌবনের আহ্বান--কাতর প্রতিচ্ছবি।

কফি-হাউসের আড্ডাটায় একা নয়--

আরও গুটি কয়েক মাতাল গড়গড়িয়ে
কে কার,কেবা কার,মিলেমিশেই কৃত্তিবাস।

জাহাজের খালাসি স্বেচ্ছা-নির্বাসনে
ভুলে যাওয়া আঁধার পেরিয়ে আলোপথে
সবকিছু ছুঁয়ে আরও আরও পেতে চায়,
গুনিনের বানের মতো লকলকে কলম
কালির দোয়াতে লোনা জলের আস্বাদ!

আমার বোধের 'মানুষ',তারই কবিতার
প্রেমসাগর,নীললোহিতেই ডুব দিয়েছি।

আটপৌরে সহজিয়া মান-হুঁশটি ভাঙ্গা রোদে
আমিরের অমরত্ব নিয়ে চলে গেছে ঠিকই,
নীরার হাত ধরে বিমূর্ত এক হেঁয়ালির বাসে।

তবু তুমি আছো,
তুমি নেই বলে সাঁকোটা দুলছে।
হে,আতুর ছুটে চলে এসো,
সদর-দরজাটা হাট করে খোলা আছে।।

জীবন নাইয়া

শেষ বসন্তে ঊদাসী হাওয়ায়
কুড়িয়ে নিলাম এক থোকা লাল কৃষ্ণচূড়া।

প্রেমে -মাতাল হতে হতে
তুলে নিলাম এক মুঠো মহুয়া ফল।
সাঁঝ-বেলায় বকুল বিছানো পথে
মথিলা একাদশী চাঁদের সুপ্তি-অমিয়া।

আলো-আঁধারি শ্যামর পাইন বনে
পলশ্রী গানের ভেলায় মোহ-বিস্তারি মায়ায়
আহাম্মক মেঘের ডাকে পাখি--
পাড়ি দেয় আবেগে আকুল রাহুগ্রাসে।

অপেক্ষা

টেরাকোটা মনের গভীরে মন চলে গেছে,সেই কবে থেকে,
তীর-বেঁধা পাখির বুকে মোচড়-দেওয়া টিহিঁ টিহিঁ ডাক,
শূন্যতায় আকাশ কাঁপানো বাতাস কাঁপানো নিবিড় স্বপ্ন,
আলোকিত আমি বয়ে নিয়ে চলি শুদ্ধ স্রোতস্বিনী ধারা।

পাতার আড়ালে পাতা খুঁজে নিতে জানে শুঁয়োপোকা,
আগামীর জন্য আত্মিক উদ্ভাসে রূপান্তরিত প্রজাপতি,
নন্দিত কাননে মানুষের হৃদয়ে রেখে যাবো উর্বরা জমি,
চিরদিন ফোটাবে নতুন ফুল,গাঁথবে নতুন নতুন মালা।।

যা কিছু অন্ধকার,পরিপন্থী সভ্যতার
তার বিনাশ শুধু সময়ের অপেক্ষায়!!

অধীনতা

সাতচল্লিশের স্বাধীনতা আজ চুমু খায় মদের বোতলে,
একই গেলাসে চুমুক দেয় আবাল-বৃদ্ধ-বনিতা,
জুয়ার আসর জমিয়ে সন্ত্ সন্ত্ বলে চেঁচায় জুয়াড়িরা।
লোকসভার মেঝেতে বিশাল শ্যাওলা আর ভীষণ ফাটল,
জনগণ হাত তোলে,হাত বেয়ে নেমে আসে বিষধর সাপ,
ছাল-চামড়া ভেদ করে বিষ ঢোকে শরীরের শিরা
উপশিরায়।
মাটি ফুঁড়ে জেগে ওঠে বেনিয়ার বিশাল সোনার মূর্তি,
বেনিয়া এক হাতে তবলা বাজায় করোটিতে, আর হাতে
বাজপাখি।গালগল্পে ম্যানিফেস্টো সর্বহারার,এলোমেলো
কথার ফুলঝুরি,
আরাম-কেদারায় ক্যা-হুয়ার দল সানাই বাজায় মহা-
শ্মশানে।।

আনাড়ি

একা একা ঘোরাঘুরি নয়,পার্কের বেঞ্চে বসে একাকী,
আমার নিজস্ব পরিণাম উষ্ণায়ন যেন ধূ-ধূ মরুভূমি,
তামাটে দুপুরে তৃপ্তি পেতে তোমার হাতের ঠাণ্ডা নরম
পানীয়,
কাঠফাটা সোনালী রোদে তপ্তবালি,আমার হৃদয়
যৌনাকাতর,
মরূদ্যান থেকে মাতাল আঙুলে তুলেছি একটি লাল
গোলাপ ফুল,
তোমার যোগ্য আমি'তো নই,অনাবিলা তুমিই সেই নার্গিস,
না প্রতাপ,না বৈভব,নিধিরাম সর্দার আমি,শুধু আছে
বেয়াড়া সন্ত্রাস,
আমি সেই আনাড়ি,তোমার পেলব ঠোঁটে আমার ওষ্ঠ
কর্কশ। সর্বনাশ!!

শ্মশানের শান্তি

এখানে সবই দাদা বা দিদির এলাকা,
এটাই সাড়ে চুয়াত্তরের স্বাধীনতার ফসল
তোমার আমার স্বপ্ন পুড়ে ছাই হয়ে গেল
খেটে খাওয়া মানুষের ইস্তেহার খানখান।
ওরা রঙ্গমঞ্চের কুশীলব,গ্রাস করে আমাদের,
এই মানুষগুলো কষ্ট পায়,চাপা বুকে পাথর বয়।
আমাদের জন্য বানানো হয়েছে খোঁয়াড়-ডাস্টবিন,
কিভাবে থাকব,খাব,দিন গুজরান করবো!
আমরা মূক,বধির,অন্ধ,শিরদাঁড়ায় শোনিত স্রাব,
ধ্বংসের স্তূপে বিকলাঙ্গ,বিকলাঙ্গ আমার দেশ!!
আগের লোকটি বা পরের লোকটি আমারই মতো,
নতুন দাদা বা দিদির হাতেই থাকে পুরানো ঠিকানা,
তোতাপাখির মতো চেঁচাত যারা,তারাও শ্মশানের শান্তি
চায়,
'চক্রবৎ দুঃখানি চ'---অশোক চক্র গতি হারিয়েছে।।

ইছামতী

মনখারাপের কবিতা,আর জীবনের সুরের খোঁজে,
ঘরে ফিরি একা একা,রাস্তাই আমার একমাত্র রাস্তা,
বারবার পড়ি খানাখন্দে,সান্নিধ্যের সুরা পান করে,
যদি দেখা হয়,হাত ধরে,কাদম্বরী নয়,কৈশোরের অমৃতা,
যশোরের ফুটপাথে ফুল ফুটবে টগর-জুঁই-মল্লিকা,
গোধূলি লগনের লাজরক্তিম আলোর অস্তরাগে।

দোঁহার সেই ভালোবাসা দেশভাগের আঁচে ঝলসে গেছে,
দুই বাঙলার ভূগোল বেয়ে ইছামতী আজও যায় বয়ে যায়!!

অতল গহ্বরে

বাতাসে বারুদের বাস,নিত্যসঙ্গী আশঙ্কা-আতঙ্ক একরাশ,
পেছনে তাড়িয়ে বেড়ায় কালো কালো শিংওয়ালা মাথা।
সর্বনাশের খেলছে খেলা,ভেঙে ফেলছে তাসের মতো ঘর,
বিকট হাসিতে মত্ত চোখে দেখছে ধ্বংস কেমন নাচে।
ঘাতকেরাই দখল নিয়েছে সময়ের,মরুবালি ঝড়ে দেশ,
নিরস্ত্র নিরুদ্যম অসহায় মানুষের ঢল কারবালা প্রান্তরে।
কেঁপে কেঁপে উঠছে ভূগর্ভ,বহতা নদীর বেগ উল্টোমুখো,
ঘন্টা বাজলেই শেষ,চলে যাব অনিশ্চিত জীবনের অজানা দেশে।

পাবলো নেরুদা

পাখির বাসার দিকে চোখ রেখে কী যে দ্যাখে,ভাবে
পাখি উড়ে যায় পেরিয়ে পাহাড়,হ্রদ,বনরাজি, প্রান্তর।
ধানখেতের রোদে নগ্নপদে সে থাকে দাঁড়িয়ে কবিতার
আঙিনায়।
খরস্রোতে চোখ রাখে ঔদাস্যের তটে,নেই লোভ অমরার।
ঝড় থেমে গেছে,নীল আকাশ,সবুজ গাছ, তাজাফুল,
উদাসী সুরের ক্ষীণছায়া,অন্তঃস্থলে বাজে সহসা বীনার
সুর।

প্রতারিত চোখে দেখে পথে প্রান্তরে কাটা মুণ্ড দোলে,
দুঃস্বপ্ন দখল নিয়েছে শোকাবহ পেঁচার ডাক,চৈত্র-
অমাবস্যায়।।

আশ্চর্য আশা

ছায়াময় বেঁচে আছি,জোছনা বহুদূরে সরে গেছে,
কথা নেই,উচ্ছলতা নেই,প্রীতি নেই,প্রেমও নেই
নির্জনতার মুখোমুখি হই,সে দুঃসাহস আমার নেই,
দুঃখ আমার,যন্ত্রণা আমার,চলো আমার সাথে,
ভিক্ষা দাও আমাকে,এসো ভালোবেসে ঘর বাঁধি,
ছোট ছোট সুখ দুঃখ অনুরাগ অভিমান নিয়ে বাঁচি।

রোদের সোনালী মদের নেশা আমার শিরায় শিরায়--
নিজেই জড়িয়ে গেছি মধু আহরণে,সময়ের
গোলকধাঁধায়।।

দুগ্গা

আমার খড়ের চালায় লাউশাক,পুঁইশাক,সিমগাছ,
আগমনী রোদ্দুরে ভাসছে ধরনী,উমাদের আসা যাওয়া,
স্বপ্নময় আকাশ চিরে উড়ে এসে বসে নীলকণ্ঠ পাখি,
আমি তাদের বলি,চলো কলকাতা 'দুগ্গা মা' দেখতে,
মা এসেছেন দুটো ছেলে আর দুটো মেয়েকে নিয়ে,
মা যেমন আসো,ঠিক তেমন চলে যাও দশমীতে।
তুমি চলে যাচ্ছো---দশদিকে দশ অস্ত্রের ঝনঝনাৎ,
তুমি চলে যাচ্ছো---বাতাসে বারুদের পোড়া গন্ধ,
আকাশ ভেঙে পড়ছে বিদ্যুতের ঝলকানি বজ্রপাত,
তোমার মূর্তির কাঠামো ডুবতে ডুবতে ভেসে উঠছে,
কাশবনের বুক চিরে তাল সুপুরি সারির পাশ দিয়ে,
কতদিন ধরে তুমি যাচ্ছো,যাচ্ছো তো যাচ্ছো,
নিঃস্ব মৃতের নগরী ফেলে রেখে,তুমি চলে গেলে।।

ওহে নন্দরাম

আমার কবিতা জুড়েই দুঃখবিলাস,
ফোঁটা ফোঁটা রক্ত,ঘাম,চোখের জল,
কর্নের মতোই,না-খুশি,বিষণ্ণ হৃদয়,
অর্জুনের মতোই,কিছু কিছু অক্ষমতা,
ভীষ্মদেবের স্বেচ্ছা শরশয্যা হস্তিনাপুরে,
রহস্যময়ী দ্রৌপদীর ধ্রুপদী বস্ত্রহরণ।

স্বয়ং শ্রীকৃষ্ণ জানলেও জানতে পারেন!!

মনের দরজা খুলে কেন অবিশ্বাস আর ঘৃণার চাষ,
আর মন্দির-মসজিদ-গির্জা ভেঙেই ধর্মস্থাপন,
জাতিদাঙ্গার ফসলেই মায়ের পেটচেরা ভ্রূণ,
ধর্ষিতা আদিবাসী যুবতীর লাশ পুড়ে আগুনে,
তালিবানি স্টেনগান প্রতিবাদীর মাঝ বরাবর,
তাই পরিযায়ী শ্রমিক আজ রোহিঙ্গা শরণার্থী।।

বোরখা

নীল জিন্স লাল গেঞ্জি গায়ে,মুখ ঢাকা কালো দোপাট্টায়;
আধো-রজকিনী রামী,পাশে বসে আমি চণ্ডীদাস।

যূথিকা নিকষিত হেম,কামগন্ধ নাই তার
দুটি আঁখি শীতল জানিয়া শরণ লইনু আমি।

আলো চোখের গভীরে ছুঁয়ে বিহঙ্গে উল্লাসে
স্বপ্ন হয়ে ভাসে,গলে যায় হৃদয়ের মোম।

ঘুড়ি হয়ে চলে প্রেম,মন মোর মেঘের সঙ্গী
সবুজের বুক চিরে নীলাকাশ ছুঁয়ে ছুঁয়ে
দৃশ্যমান ম্লান কনক-চাঁপা ফুল ঝরে বাগানে,
ভাঙ্গা চাঁদ লুটিয়ে পড়ে আছে।
সর্বাঙ্গে কিসের কামড়?

মহারানি

মাতৃদুগ্ধের সেলুলয়েড্
রামতলা রেল স্টেশনে
মহারানি তিনিই বটে
ফি - বছর পোয়াতি।

ছানাপোনা কয়েক গণ্ডা
রানিং ছোটো বড়ো
শুধু মাতৃ পরিচয়
দায়হীন মহান পিতাশ্রী।

হলেও হয়তো হতে পারি
তুমি কিংবা আমি

নয়তো কোনো হকার
কিংবা রেলের চেকার।

বসত উন্মুক্ত প্লাটফর্মে
মোটাভাত ভাঙ্গা থালায়
ডাল তরকারি মাছের ঝোল
অনিশ্চিত জীবনের যাপন।

দিদির যতনে বেড়ে ওঠে ভাই
খুনসুটি চলে দাদা-বোন মিলে
রিয়েলিটি-শো আপ-ডাউন লোকালে
নজরানা নাচা-গানা বোল্লে-বোলে।

গ্রীষ্ম বর্ষা হার মানে
শরৎ হেমন্ত কুস্তি-কসরতে
শীত লাজে বসন্ত সমাগমে
বারোমাস্যা অভাগীর স্বর্গে।

নিশুতি রাতে মেঘে ঢাকে তারা
পেঁচা শেয়ালের সংসার সীমান্তে।।

অবসর

দেওয়াল ভেঙ্গে কালের প্রবাহে আমিই পাথর,
শান্ত জুড়ানো ব্যাথাহীন শরণার্থী হাওয়া।
শিকড়ের স্বাভিমান ছাড়া কীই'বা আছে আজ
শুধু ডুবে আছি স্মৃতি বিজড়িত সত্তার ফসিলে।

কালক্ষেপে এতো ক্লান্ত শ্রান্ত বোধ করব যে,
শত্রুর থেকেও বুঝি বন্ধুকে বেশি ভয় হবে,
এখন নিকম্মার ঢেঁকি শুধুই অঘটনের আশঙ্কা

চালের উপর চালে বাচালতা,বেচাল-হাহাকার।

হয়তো বা কৌতূহলী সঙ্গী হয়ে মিলিয়ে
যাবউলু-খড় উদাসীন সংসারের বৈরাগী বেলায়।
প্রতীক্ষার মধ্যরাতে উপবাসী পেঁচার ডাক
কাতর-স্বপ্নময় মরীচিকা,নীরবতাও অবৈধ।

বৌ-পাখির ডাকেও নিঃসাড় বটবৃক্ষ,দার্শনিক,
খরবায়ু বহে বেগে,চারিদিকে ছায় কালোমেঘে।।

কাহার মানায়

বনের জলায় ঘসা সোনামুখী রোদ পড়ে আছে,
একটুকরো কালকুটে মেঘ,বিদ্যুত ঝলকানি,বাজ পড়বে,
ফাঁকা মাঠে নীল রঙের অজস্র পায়রা ঝাঁকে ওড়ে,
খিলি পানের সখার সঙ্গে দেখা হঠাৎ বেলা দুপুরে।
চৈতি বিকেলে অশান্ত হাওয়া অগাধ নির্জনতায়,
নৌকা ভিড়বে এখনই নিয়ে যাবে কোন্ অগম-পারে
শশীমুখী সূজ্জমুখী মধুমুখী নাকি হাসিমুখী আমাকে?
ধুলোগুড়ির মাঠে তাই করুণ কামনা টলটল পদ্মপাতায়,
মনের আনাচে কানাচে উঁকি দিচ্ছে হাসি-কান্না কত
কথায়।।

বিপাশা

এপার-ওপার সজীব শ্যামলীমা,
মধ্যে ভরা নদী জল ছুঁইছুঁই,
বেহালার তারের মত টানটান,
লতাপাতার ঝালর দুলছে হাওয়ায়
জলের আকাশে ছবির প্রতিচ্ছবি,
প্রতিধ্বনি উতরোল করে এ বনভূমি,
শরতে এই নদী এখন বেগবতী,
কাশফুল ফোটা দুই পাড় ভারি চঞ্চল,
বাঁধের জাম গাছটার ছায়ায় বিপাশা,
ভূগোলের নদী,সেই নদী পেরোতে হবে!!

রিমঝিম

প্রিয়া বর্ষা, সে আসে আমার ঠোঁটে কপালে চুমু খায়,
সারা শরীরে জড়িয়ে যায় বর্ষা,ঘোর তমসায়
একলা বারান্দায় যখন দৃষ্টি ঝাপসা হয়ে আসে,
মনে হয় আমি একা নই,তুমিও রয়েছে আমার সঙ্গে,
রিমঝিম বর্ষায় যদি তোমাকে এক ছাতার তলায় পাই।
সে শুধু আমাকে ছোঁয় না তোমার ছোঁয়াও পাইয়ে দেয়,
তখন বুঝি প্রকৃতির আঁচল ভেজা ভিজে সন্ধ্যাবেলা
তোমার হৃদয়ে রেখে যাবো অতলান্ত অমল বিশ্বাস।

বড় একা লাগে

ঝরঝর ঝরিছে বারিধারা শুধুই কি কাব্যময়
দক্ষিণের জানালায় মৌসুমী বরষার ছোঁয়া
বিপন্ন বকুল ভালোবাসা ঢালে বেহাগে পরাগে
তবুও কবিতা নামেনি আজও এই নিঃসঙ্গ জীবনে
বসে আমি পথ চেয়ে স্বপ্ন আর বাস্তবের ছোঁয়ায়
দেখি পাগলী বাতাস বয়ে যায় উদভ্রান্ত গতিতে!!

আমার কলকাতা

কলকাতা আছে কলকাতাতেই,
আমিও থাকি কলকাতাতেই
যে ভাবে চাই,সে ভাবেই পাই,
সুখে দুখে রবীন্দ্রনাথ কলকাতাতেই।

কলকাতার প্রাণ-ভ্রমরা টিকে থাকে
বুড়িগঙ্গার ঘুম ভাঙানি সুরে।
ছোট্ট শিশু রাজারহাট বেড়ে ওঠে
পাকাচুলো বেনিয়াটোলার হাত ধরে।

কলকাতা কলকল নাগরিক পৃথিবীর মিনিয়েচারে
ঐতিহ্যের সিঁড়ি বেয়ে আধুনিকতায় উঁকি মারে,
মার্কসবাদী পরিকল্পিত মানবমুক্তির তত্ত্বতালাসে
শুদ্ধ রঙ-বাহারি পটভূমি পিকাডেলির সার্কাসে।

কলকাতার ধোঁয়াভরা বুকের ক্ষত নিয়ে
বিপন্ন জীবনের ছবি আঁকি ভাঙাগড়া মঞ্চে।
আর স্বপ্নের মিছিল চলে কর্মহীন ব্যস্ততায়
ঘিলু ভর্তি আঁতেলের আরশিনগরে।

হেথা ভীড় জমে সাইবার কাফে গড়িয়াহাটে,
হোথা হকারের বর্ণময় সম্ভার হরিশাহাটে,
হুজুগে মধ্যবিত্তের মেলা বিগবাজার ডিস্কোথেকে,
নান্দনিক সৃজনে জমাটি আড্ডা নন্দন চত্বরে।

স্কাইস্ক্র্যাপারের অভুক্ত পাতিকাক উড়ে উড়ে যায়
স্যাতসেতে বস্তিতে,ক্যাওড়া-নিম গাছে গাঁজার ধোঁয়ায়।
কলকাতাকে ভালোবেসে কোলপাঁজা করে আঁকড়ে ধরি,
কলকাতা আমার যুদ্ধক্ষেত্র,আমার প্রেম,প্রিয় বান্ধবী।।

ভূমিব্যাঙ

নীলকণ্ঠ পাখি নীলকণ্ঠের খোঁজে--
করুণা করে আমাকে দেখে
আমি মূর্খ,দরিদ্র এক ভারতবাসী বলে।

আমার গায়ে ছেঁড়া শার্ট, বারমুডা,পায়ে রবারের চটি,
আমি বাঙালি, বাঙলায় কথা বলি।
ক্ষয়াটে,তামাটে,নেই আঁকড়া চেহারা, হাড় জিরজিরে,
আমি থাকি"সিটি অফ্ জয়"কলকাতাতেই।
কানে গোঁজা পোড়া বিড়ির টুকরো,খৈনির তালেই বুঁদ
চুল্লুতে,
আমার নিবাস জোড়াসাঁকোর ঘিঞ্জি বস্তিতে।

বিদ্যার জাহাজ,টেনেটুনে এক ক্লাস কম বৃত্তি পাশ;
বাবা দিনমজুর,মায়ের ঠিকের কাজ,ছ'জনের গুজরান
ধূলো-কাদা মাখা,দিন আনা দিন খাওয়া যদি জুটে--
মা'টা ক্যান্সারে মল্লো,বাপটা ভেগেই পালালো!!
সব গুবলেট,শুরু-আয়াত ফেকলু চারমূর্তির সংসার,
হরেক রকম ধান্দা,অদ্ভূত সব ফিকির বেঁচে বর্তে থাকার-
জেতা তাস-গুলি বিনিময়ে জলপানি কোনো কোনোদিন,
ভাত জোটে উচ্ছিষ্ট ডাস্টবিনে,বেচে ছেঁড়া পলিথিন!
দুর্গত আমাদের বোনাস মেলে গান্ধী রোডে,ব্যাণ্ড পার্টিতে
বাঁশি আর তাসা বাজিয়ে বিয়ে-শাদি,মুখেভাত, ভাসানে
মজা হি মজা লুটে নেওয়ার পালা চলে ঐ'দিনে,
ওটা আমাদের ফূর্তির দিন,হুল্লোড়ের দিন,
ঝকমকে জামা-জুতো পরার দিন,বিরিয়ানি খাবার দিন,
শিল্পীর শিল্পের দিন,সম-প্রীতির দিন!
হাল্লা-চিল্লায় সুর হাসে সুর হাসায়, সুর কাঁদে সুর কাঁদায়
সুর মিলে তুম্-হারা,সুর মিলে হম্-হারা।।

অনুকবিতা:- ১

ঘাসের উপর বসে আছি ময়দানে পড়ন্ত বিকেল
আশেপাশে পাতিকাক নাচানাচি করছে,
উচ্ছিষ্ট খাবারে,কতগুলো নেড়ি কুকুরও,
রমা এলে কোলে মাথা রেখে বকবক করবো,
দেখতে দেখতে তারায় ভরে যাবে আকাশ আকাশ,
আজ অমাবস্যা-রাত,ফলাহারিনী কালীপুজো হবে!!

অনুকবিতা:- ২

এসেছে নতুন ভোর,খুলে যাক বদ্ধ মনের দোর,
নীরবতাকে লাল রঙে রাঙিয়ে দিল রবির কর
নির্জনে ভেসে আসে ভৈরবী সুরের সানাই,
তাই ভোরের বাতাসের কোনো অভিমান নেই,
তাজা ফুলের গন্ধ ভরে দেয় বাতাসে,আকাশে,
পাহাড়ি ঝরনার জল তুমি ঝরো,পায়ে নূপুর পরে।

অনুকবিতা:- ৩

একটু নির্জনতা!নিজের মধ্যে থাকতেই ভালোবাসি,
প্রকৃতির এই গাছপালা,রোদবৃষ্টি,জীবজন্তু-পাখি,
আকাশে চাঁদ,তারা ভরা আকাশ,মেঘ ভেসে যাচ্ছে,
পাগলী বাতাস বইছে,নদীতে জলের ঢেউ ভাঙ্গছে,
মধুমাঝির নৌকাখানা নাচছে,হয়তো মাছ ধরছে।
রহস্যময়ী পৃথিবী,সে ঘুরছে আমিও ঘুরছি,তবুও
অন্যের এক পুতুল!!

অনুকবিতা:- ৪

ধূসর মেঘ,অন্ধকার ঘনিয়ে চারিধার -------
বেদনা! ঢেকে রেখে শুধু বেদনাকে
গেরুয়া রঙ দিয়ে,দুচোখে তোমার
এক পলাশ বৃষ্টি ভিজো না তুমি
দেখো শুধু দু'চোখ ভরে মূষল বৃষ্টি কে,
ওরা দেখুক তোমার রূপ,দূর থেকে!!

অনুকবিতা:- ৫ ঘুনে ভরা সারা ঘর,ইঁদুর আরশোলার
মুক্তাঞ্চল,
আমার বুকেও বাসা বেঁধেছে করোনার অনুজীব,
পথেঘাটে শ্যাওলা জমেছে অনেক,
ধুলোবালি জমে আছে আমার কার্নিসে,
দেশটাই মৃত্যু-উপত্যকা,বাতাসে লাশের গন্ধ!,

অপূর্ণকে পূর্ণ করতে নীরবতা চলে গেছে
আমায় ডেকে নিরুদ্দেশে,করুণ গান গেয়ে
মায়ার খেলায়,ভেসে ভাঙ্গা চাঁদের ভেলায়!!

অনুকবিতা:- ৬

হাজার বছর ধরে কত নদী প্রান্তর পেরিয়ে এলাম,
তুমি হয়ত জাননা,তুমি আসার,আগেও আমি,
বারবার প্রেমে পড়েছি,ব্যর্থও হয়েছি প্রতিবারই,
যে স্টেশন প্রেমশূণ্য,সেখানেই প্রেম খুঁজে চলেছি,
শার্সিতে আটকানো মৌমাছির মত ছটফট্ করেছি,
কোথায় পাবো সুন্দরী ঘেঁটুফুলের একবুঁদ মধু??

অনুকবিতা:- ৭

আমার চারপাশে এত অন্ধকার,ব্যর্থতার হা-হুতাশ।
হিংস্র নেকড়ে ছুটে আসছে,চারিদিকে গরম নিশ্বাস।
এক মূহুর্তে তাণ্ডব হানবে,সব আহত বিশ্বাস।
দিগন্তে ছেটাবে লাল রক্ত,যেথায় মিলেছে কালো আকাশ।

অনুকবিতা:-৮

ঝরে পড়া ফুলগুলোকে কুড়িয়ে রাখা যায়,
কিন্তু কি দরকার, তার তো কোনো মায়া নেই।
আমার বাগানে তাজাফুল,ফুলের ঘ্রাণে ভোরবেলা,
মনের মাঝে প্রেমের খেলা চলে,চল না,তুই চল।।

অনুকবিতা:- ৯

যদি সঙ্গিনী হোস,মোর হাতটি ধর,
চল পলায়ে যাই,রশি খুলে পাল উড়াই
উথালি পাথালি মাতলায়,কালো মেঘের নীচে
এখনই ঝড় উঠবে বাউল মনের কোনায়।।

অনুকবিতা:- ১০

আমার চারপাশে এত অন্ধকার,ব্যর্থতার হা-হুতাশ।
হিংস্র নেকড়ে ছুটে আসছে,চারিদিকে গরম নিশ্বাস।
এক মূহুর্তে তাণ্ডব হানবে,আহত সব বিশ্বাস।
দিগন্তে ছেটাবে লাল রক্ত,যেথায় মিলেছে কালো আকাশ।

অনুকবিতা:- ১১

হাজার বছর ধরে কত নদী প্রান্তর পেরিয়ে এলাম,
তুমি হয়ত জাননা,তুমি আসার,প্রতিচলেছি,
বারবার প্রেমে পড়েছি,ব্যর্থও হয়েছি প্রতিবারই,
যে স্টেশন প্রেমশূণ্য,সেখানেই প্রেম খুঁজে চলেছি,
শার্সিতে আটকানো মৌমাছির মত ছটফট্ করেছি,
কোথায় পাবো সুন্দরী ঘেঁটুফুলের একবুঁদ মধু??

অনুকবিতা:- ১২

ধূসর মেঘ,অন্ধকার ঘনিয়ে চারিধার --
বেদনা! ঢেকে রেখো শুধু বেদনাকে
গেরুয়া রঙ দিয়ে,দুচোখে তোমার
এক পশলা বৃষ্টি,ভিজো না তুমি,
দেখো শুধু দু'চোখ ভরে মূষল বৃষ্টি কে,
ওরা দেখুক তুমি অরূপা,শুধু দূর থেকে!!

অনুকবিতা:- ১৩

এসেছে নতুন ভোর,খুলে যাক বদ্ধ মনের দোর,
নীরবতাকে লাল রঙে রাঙিয়ে দিল রবির কর,
নির্জনে ভেসে আসে ভৈরবী সুরের সানাই,
তাই ভোরের বাতাসের কোনো অভিমান নেই,
তাজা ফুলের গন্ধ ভরে দেয় বাতাসে,আকাশে,
পাহাড়ি ঝরনার জল তুমি ঝরো,পায়ে নূপুর পরে।

অনুকবিতা:- ১৪

একটু নির্জনতা!নিজের মধ্যে থাকতেই ভালোবাসি,
প্রকৃতির এই গাছপালা,রোদবৃষ্টি,জীবজন্তু-পাখি,
আকাশে চাঁদ,তারা ভরা আকাশ,মেঘ ভেসে যাচ্ছে,
পাগলী বাতাস বইছে,নদীতে জলের ঢেউ ভাঙ্গছে,
মধুমাঝির নৌকাখানা নাচছে,হয়তো মাছ ধরছে।
রহস্যময়ী পৃথিবী,সে ঘুরছে আমিও ঘুরছি,তবুও
অন্যের এক পুতুল!!

অনুকবিতা:- ১৫

যদি বলো ভালোবাসি,ভালোবাসি!
চিলেকোঠা বানাবো মুক্ত প্রাঙ্গণে,
যেখানে ভয় নেই,বাতাসে বিষ নেই।
নীল আকাশে ভাসবো,সাদা মেঘের ভেলায়!!

অনুকবিতা:- ১৬

শ্রীকৃষ্ণ বিহনে কাঁদে
রাধিকার মন,
শ্রীমতী বিহনে কাঁদে
শ্রীমধুসূদন ---

অনুকবিতা:- ১৭

প্রেমের মুকুল ধরেছে মনের গহ্বরে,
ওমনি বিকশিত হোক কুঞ্জ-কুসুমে !

অনুকবিতা :-১৮

ইচ্ছে পাখিরা দেহের জানালায়,
মন ভেসে যায় চাঁদের ভেলায়,
স্বপ্ন খুঁজে ফেরে,স্বপ্ন কার?

অনুকবিতা:- ১৯

সানাইয়ের সুরটা বেশ জোরেই ভেসে আসছে-
করুণ সুর,বিদায়ের সুর, বিজয়া তাঁরই ইচ্ছায়!!

অনুকবিতা:- ২০

পূর্ণতা নয়,অপূর্ণতাই পথ দেখায়---
স্বপ্নের ভেলায় ভেসে যেতে দূর কিনারায়,
আরো সবুজ,আরো আরো সবুজের মাঝে,
আমি তো চেয়েছি প্রিয়ার ভালোবাসা তেমনই করে।।

অনুকবিতা:- ২১

প্রেমের মুকুল ধরেছে মনের গহ্বরে,
ওমনি বিকশিত হোক হাটে-বাজারে!

অনুকবিতা:- ২২

যদি বলো ভালোবাসি,ভালোবাসি!
চিলেকোঠা বানাবো মুক্ত প্রাঙ্গণে,
যেখানে ভয় নেই,বাতাসে বিষ নেই।
নীল আকাশে ভাসবো,সাদা মেঘের ভেলায়!!

অনুকবিতা:- ২৩

দস্যুঝড় তোলপাড় করছে,
দেশটায়,
উচ্ছেদের বার্তা শোনায়--
পাখির পায়ে শেকল পরায় !!

অনুকবিতা:- ২৪

জীবনের জটিলতায় জটিল,
বিষণ্ন,নির্বাক আমি।
বিশাল ক্যানভাসে বিপন্ন রাতে
তুলির শেষ টান,ফ্যাকাশে ভোরে
পোড়া ছাই হয়ে ধ্রুবতারা খসে পড়ে!!

অনুকবিতা:- ২৫

আকাশ আকাশের মতো দাঁড়িয়ে থাকে,
কোনো ভাগাভাগি নেই।
মাথার উপর একটা সোনালী ডানার চিল,
দুই বাঙলার জল-হাওয়ায় ঘুরপাক খাচ্ছে।
হতাম যদি একটা গাঙচিল।
জেনে যেতাম,কেন'যে দেশটাকে ভাঙ্গল!!

www.ingramcontent.com/pod-product-compliance
Lightning Source LLC
LaVergne TN
LVHW100334181026
850499LV00039B/1079
9789354587887